PRÓLOGO

Este devocional es único porque ofrece tres perspectivas diferentes: una perspectiva médica, que permite comprender conceptos y descripciones desde el punto de vista de la salud; una perspectiva de padre, que brinda una comprensión personal de cada meditación; y la perspectiva de un apasionado estudiante de la Palabra, que la ha atesorado y moldeado en su propia vida. Por esta razón, y por muchas más, recomiendo que inviertas tiempo en este libro.

Como maestro de la Biblia, siempre busco una variedad de referencias para ilustrar y explicar las Escrituras. En este devocional encontrarás cada meditación con una rica mezcla de diferentes figuras y definiciones que te ayudarán a ampliar tu entendimiento de la Palabra. Recibirás consejos de un médico, un padre y abuelo, y un hombre dedicado. Cada lectura te enriquecerá.

Desde niño, crecí viendo a Saúl López desde diferentes ángulos: como médico, que siempre atendió a toda mi familia; como padre paciente con sus hijos (mis primos); y como investigador y estudioso de la Palabra de Dios. Ahora veo dos perspectivas más: la de abuelo y la de una persona con suficiente sabiduría para caminar por la vida de la mano del Señor, que ahora puede mirar hacia atrás y recomendar cómo vivir mejor. Personalmente disfruto la meditación de los Salmos 42 y 91.

Luis René López Robles
Padre, esposo y apasionado de la Biblia;
autor del libro "Tu Ministerio Infantil Puede Crecer";
escritor de libros para líderes de niños;
pastor de la Iglesia Infantil.

Agradecemos la perspectiva auténtica y bíblica de Saúl en este libro de devociones. Él comparte cómo nuestra meta como creyentes es amar la Palabra de Dios y luego ofrece aplicaciones prácticas sobre cómo vivir en esa realidad. Los temas destacados por Saúl incluyen caminar con Dios, escuchar a Dios, identidad, restauración y perdón, entre otros. Cada devocional incluye preguntas para el estudio individual o en grupo. Este volumen es un manual ideal para el discipulado personal.

Steve y Marjie Schaefer,
autores y maestros,
Flourish Through The Word Ministries

PRÓLOGO

A veces ayuda leer la Biblia cerca de otra persona. Su historia de vida conecta la Palabra de Dios con tu propia historia. Tu corazón se llena de esperanza.

Saúl y su esposa Ellen dejaron su vida cómoda en Guatemala para estar cerca de sus nietos en Seattle. El Dr. López es médico y profesor retirado de una universidad en Centroamérica. Nunca es fácil salir de la zona de confort. Cuando Saúl y Ellen llegaron a Seattle, no sabían que entrarían en una pandemia mundial y un confinamiento en su nuevo hogar.

La ciudad era extraña, el idioma diferente, la lluvia interminable y los amigos nuevos. Página tras página, día tras día, Saúl vivió las promesas de Dios. Descubrió que hay esperanza. Leer la Biblia junto a Saúl López animará a cualquiera que esté buscando claridad en medio de la confusión.

Si eres esa persona que busca esperanza, entonces este libro ha llegado a tus manos justo a tiempo. Léelo al ritmo en que Saúl escribió estas devociones: un día a la vez. Tus mejores días están por venir. ¡Mantente en la fe!

Philip McCallum
Pastor principal, Iglesia Evergreen, Bothell, Washington

Hay
ESPERANZA

Devocionales que brindan
consuelo, fortaleza y paz en
tiempos de necesidad

POR EL DR. SAUL LOPEZ

ISBN Ebook: 979-8-9927610-3-0
ISBN Tapa blanda: 979-8-9927610-2-3

Ilustraciones: Saúl López
Ilustración de Isaías 53: Carlos David López

Publicado por: Saúl López
Diseño de portada y maquetación interior: Kristi Knowles

Indice

DEDICADO A: 7

INTRODUCCIÓN 9

AGRADECIMIENTOS 10

Todo lo que hace prospera 11
Lee el Salmo 1

Gran Valor e Identidad que Dios Da al Ser Humano 15
Lee el Salmo 8

Cómo Dios Nos Habla y Cómo Debemos Responder 19
Lee el Salmo 19

La Oración de Victoria sobre los Enemigos 23
Lee el Salmo 20

El Señor es mi Pastor 28
Lee el Salmo 23

Restaurando la relación con Dios y adorándole. 32
Lee el Salmo 24

Confiar en la Protección del Señor 36
Lee el Salmo 27

Bendiciones y Liberación que Trae el Perdón 40
Lee el Salmo 32

Alabando al Señor en Tiempos Difíciles 46
Lee el Salmo 34

Cómo Salir del Pozo de la Desesperación 50
Lee el Salmo 40

Tratamiento para la Depresión 54
Lee el Salmo 42

Oración de Moisés por Sabiduría y Gracia 58
Lee el Salmo 90

Cómo Tener Protección y Seguridad en Tiempos Difíciles 62
Lee el Salmo 91

"Es Bueno Dar Gracias al Señor" 66
Lee el Salmo 92

Razones para Bendecir al Señor 71
Lee el Salmo 103

Dar Gracias por lo que Recibes del Señor 75
Lee Salmo 118:1-15

Un salmo para el comienzo del año 80
Lee el Salmo 118:16-29

El Señor es tu Guardián. 84
Lee el Salmo 121

Consejo para Padres 88
    Lee el Salmo 127

Desde el Vientre de Mi Madre Me Has Tomado en Cuenta 92
    Lee el Salmo 139

«Venid luego, y razonemos», dice el Señor 96
    Lee Isaías 1

Una Visión y un Llamado de Parte de Dios 101
    Lee Isaías 6

La Humanidad y la Divinidad del Mesías. 106
    Lee Isaías 7:14 y 9:6

La sanidad de Ezequías 111
    Lee Isaías 38

El Consuelo de Dios y Cómo Recibirlo 116
    Lee Isaías 40:1-11

Fuerza Como la del Águila .120
    Lee Isaías 40:12-31

Por Sus Llagas Hemos Sido Sanados. 124
    Lee Isaías 53

Vida, Salud y Propósito al Venir al Señor 129
    Lee Isaías 55

Instrucciones para ser escuchados durante la oración y el ayuno
. 134
    Lee Isaías 58

Base Bíblica para la Sanidad Divina. 139
    Seguimiento de Isaías 58

Buenas Noticias Para los Afligidos, Quebrantados, Cautivos y
Oprimidos 143
    Lee Isaías 61:1-2

El Consuelo que Jesús Trae como el Mesías y Sus Resultados . . .148
    Lee Isaías 61:2b–11

BIBLIOGRAFÍA. 152

ACERCA DEL AUTOR 153

DEDICADO A:

Ellen,
Carlos David y Fernanda,
Brett y Carey,
Joy y Matthew,
David, Luna,
Levi, Joshua, Samuel,
Andrew, Elijah, Rebecca, Hosanna

INTRODUCCIÓN

Comencé a escribir esta serie de 32 temas devocionales durante los tiempos difíciles de la pandemia de Covid-19, con el propósito de compartir lo que fue de gran ayuda en una época de cambios en mi vida: la jubilación después de haber trabajado durante 32 años como profesor universitario, mudarme a otro país para estar con nuestros hijos y nietos, adaptarme a un idioma y cultura diferentes, y enfrentar sentimientos de ansiedad, desesperación y depresión provocados por la pandemia.

Los devocionales tomaron inicialmente la forma de videos en YouTube. Están dirigidos principalmente a creyentes para fortalecer su fe en Dios, y también a personas no creyentes, con el objetivo de que lleguen a tener una relación personal con Dios a través de Jesucristo. Los temas pueden utilizarse en grupos de estudio bíblico, en iglesias, como devocionales o para estudios personales. Al final de cada devocional, se incluyen preguntas para la meditación y la discusión en grupo.

Los primeros devocionales están basados en Salmos seleccionados, y la segunda parte en capítulos seleccionados del libro del profeta Isaías. A través del consuelo y la fortaleza de la Palabra de Dios, recibimos esperanza y bendición; las buenas noticias traen alegría, paz y justicia. Todo esto nos da ánimo, fe, fortaleza, esperanza y paz. Esto nos llevó al título HAY ESPERANZA.

AGRADECIMIENTOS

A: Ellen
por su ayuda con la meditación
y las preguntas para discusión en grupo.

A: Carlos David
por la ilustración de Isaías 53.

A: Kristi
por su asistencia experta, paciente y cordial,
y por ayudar a dar forma al texto y al resto
del proceso de publicación.

TODO LO QUE HACE PROSPERA
Lee el Salmo 1

Todos tenemos tanto la oportunidad como el privilegio de construir nuestras vidas, pero es mejor hacerlo sobre el fundamento firme y completo que nos brindan las Sagradas Escrituras. La Biblia ofrece consejo y edificación integral para todas las necesidades y aspectos de nuestras vidas.

Los Salmos son un libro de cantos de adoración a Dios. Su introducción nos enseña la importancia de amar y meditar en la Palabra de Dios. Todos anhelamos ser felices, dar fruto (obtener resultados) y tener una vida de calidad.

En el Salmo 1, cada persona tiene dos opciones, caminos o estilos de vida. Puede seguir la instrucción del salmo de no "andar en consejo de malos", "ni estar en camino de pecadores", "ni sentarse en silla de escarnecedores"; o, por el contrario, puede decidir hacerlo.

Es mejor hacer lo que hace el hombre bienaventurado: "En la ley del Señor está su delicia y en ella medita de día y de noche."

Cuando conocemos a Dios, el Autor de este salmo, entendemos Su amor y fidelidad en Sus promesas, principios, valores y planes. Como resultado, seguir Su consejo no será una carga sino un deleite. Su consejo se convierte en un estilo de vida constante. Jesús dijo en Juan 14:6: *"Yo soy el camino, la verdad y la vida; nadie viene al Padre sino por mí."* Y el Salmo 119:105 dice: *"Lámpara es a mis pies tu palabra, y lumbrera a mi camino."*

La Palabra de Dios es instrucción que debemos amar y meditar día y noche. Meditar o reflexionar nos permite comprender mejor lo que leemos y aplicarlo a nuestra vida. 2 Timoteo 3:16–17 (RVR) dice: *"Toda la Escritura es inspirada por Dios y útil para enseñar, para redargüir, para corregir, para instruir en justicia, a fin de que el hombre de Dios sea perfecto, enteramente preparado para toda buena obra."*

Al acercarnos a la verdadera fuente de vida y nutrición, damos fruto de manera continua y vivimos una vida abundante. Cristo dijo en Juan 10:10: *"El ladrón no viene sino para hurtar y matar y destruir; yo he venido para que tengan vida, y para que la tengan en abundancia."* Esta vida abundante proviene de confiar en Dios y en Su Palabra, sin importar el calor de las circunstancias, porque estamos cerca del Río de Vida. Hacer esto nos da fuerza, fruto en su tiempo y confianza ante el juicio de Dios.

Hay solo dos caminos frente a nosotros. Elegimos cuál queremos seguir, pero no podemos elegir las consecuencias; estas son resultado inevitable del camino que tomamos.

La segunda parte del Salmo 1 compara al que decide no seguir el consejo divino con la "paja", la cáscara exterior del grano de trigo que el viento se lleva. Sólo el trigo cae al granero para ser útil. Esta persona no puede permanecer en la congregación de los justos.

El justo reconoce su necesidad espiritual, confiesa sus pecados y se aparta de ellos, confiando en la obra de Jesucristo, quien tomó nuestro lugar en la cruz.

El justo busca constantemente la instrucción de Dios, la disfruta, la medita día y noche para vivirla. Confía en Dios siempre y ve los resultados en sí mismo.

Para Meditación y Compartir en Grupo
Salmo 1 y el devocional anterior:

1. ¿Quién es el Autor de esta instrucción? ¿Qué sabemos de Él aquí?

2. ¿Qué tipo de consejos dan los impíos o malvados? (Los impíos son personas sin fe en Dios, que quizás buscan el bien común, pero no temen a Dios.)

3. Hoy en día, ¿quiénes son los escarnecedores o burladores (aquellos que ridiculizan de manera cruel o grotesca)? Incluso se burlan del bien y de la sabiduría.

4. ¿Quién fue escarnecido muy cruelmente en la Biblia, más que cualquier otro?

5. ¿Cuál es el opuesto de burlarse?

6. ¿A dónde o a quién recurres para pedir consejo? ¿Por qué?

7. ¿Dónde encuentras buena compañía, amigos o socios?

8. ¿Alguna vez has tenido que decidir no estar en constante compañía de personas así? ¿Cómo fue eso? ¿Qué ocurrió tras tomar la decisión correcta?

9. Elige un versículo o frase del Salmo 1 que te ayude a ser "bienaventurado".

10. Repítelo, escríbelo e ilústralo.

El Gran Valor e Identidad que Dios Da al Ser Humano
Lee el Salmo 8

En este Salmo, el rey David comienza describiendo la majestad y grandeza de Dios: en Su creación, en Su carácter y en Sus obras. Luego describe la gloria de Su creación en el universo y considera cuán pequeño es el ser humano. En este contexto, se pregunta por qué el ser humano es tan especial para Dios, quien lo considera y cuida con tanta ternura.

El propósito de Dios al crear al hombre fue que éste gobernara sobre toda Su creación, pero a causa del pecado, el hombre se corrompió y murió espiritualmente. Jesús se humilló a sí mismo, haciéndose menor que los ángeles, para redimir al hombre en la cruz, y fue glorificado en Su resurrección. Su plan es llevar a muchos a la gloria como hijos nacidos de nuevo mediante la aceptación de la salvación de Jesucristo, restaurando así el propósito original de la creación del hombre. El ser humano conoce su identidad cuando conoce a Dios y Sus planes.

La gloria de Dios
La gloria de Dios se refiere a Su majestad, esplendor, brillo y Su grandeza incomprensible. El nombre del Señor implica Su carácter y Su Persona; Él es nuestro Señor soberano con toda autoridad y poder. Su nombre es glorioso en toda la tierra y sobre los cielos.

Su gloria se revela o se ve en la tierra y en los cielos, pero también se ve y se oye en la boca de los pequeños que alaban a Dios. Cuando Jesús entró en el templo e hizo milagros, los niños gritaban: "¡Hosanna al Hijo de David!", alabándolo ante la indignación de los líderes religiosos (Mateo 21:15-16).

Los niños son un ejemplo para nosotros. Vienen a Dios con sinceridad, fe y transparencia, y lo alaban. Dios tiene un principio en la Biblia: Él usa a los débiles y pequeños para vencer a Sus enemigos, especialmente usando la alabanza y la adoración. David era el menor entre sus hermanos, y siendo adolescente venció al gigante Goliat. Gedeón era de una familia pobre y era el más joven de sus hermanos; se convirtió en líder para liberar a su pueblo de sus enemigos.

El plan de Dios para el hombre

Desde el principio, Dios creó al hombre a Su imagen y semejanza para tener dominio sobre Su creación en la tierra. Pero debido al pecado, el hombre "fue destituido de la gloria de Dios" (Romanos 3:23), así que el Padre envió a Su Hijo en forma de cuerpo humano, hecho un poco menor que los ángeles. Al morir en la cruz, sufriendo en nuestro lugar, Él es el Autor de la salvación de todos los que creen.

> "¿Qué es el hombre, para que te acuerdes de él, o el hijo del hombre, para que lo cuides? Lo hiciste por un poco de tiempo menor que los ángeles, lo coronaste de gloria y honor, todo lo sometiste bajo sus pies. Al someterle todas las cosas, nada dejó que no le fuera sujeto. Pero todavía no vemos que todas las cosas le estén sujetas. Pero vemos a aquel que fue hecho un poco menor que los ángeles, es decir, a Jesús, coronado de gloria y honor a causa del padecimiento de la muerte, para que por la gracia de Dios probara la muerte por todos." (Hebreos 2:6-9).

Él nos da identidad como hijos de Dios cuando lo recibimos como Salvador y Señor. El Cristo que nos da vida representa perfectamente la imagen y semejanza de Dios. Esta imagen de Dios está siendo esculpida en nosotros por el Espíritu Santo:

> "*Por tanto, nosotros todos, mirando a cara descubierta como en un espejo la gloria del Señor, somos transformados de gloria en gloria en la misma imagen, como por el Espíritu del Señor.*" (2 Corintios 3:18)

Esto ocurre en la medida en que permitimos que el Espíritu Santo y Su Palabra renueven nuestras mentes y gobiernen nuestro ser conforme a Su voluntad. Y seremos como Él en Su venida:

> "*Amados, ahora somos hijos de Dios, y aún no se ha manifestado lo que hemos de ser; pero sabemos que cuando Él se manifieste, seremos semejantes a Él, porque le veremos tal como Él es.*" (1 Juan 3:2)

El plan perfecto de Dios se cumple únicamente a través de Jesucristo y en todos los que reciben Su salvación y se someten a Su señorío.

1 Corintios 15:27 dice que Dios ha puesto todo bajo los pies del Señor Jesucristo. A Él se le ha dado el Nombre que es sobre todo nombre, en el cielo, en la tierra y debajo de la tierra, y toda rodilla se doblará ante Él para la gloria de Dios Padre.

Dios creó a la humanidad con gloria, a Su imagen y semejanza, pero debido al pecado, el hombre se perdió y fue destituido de la gloria de Dios. Sólo Jesús, en Su primera venida, resolvió el problema del pecado, restaurando la imagen y semejanza de Dios en todos los que han creído en Su obra en la cruz y en Su resurrección. Al reconocer nuestra necesidad de ser perdonados, y al creer en Jesús, nos convertimos en hijos de Dios, justificados por la fe, y entramos en un proceso de restauración hasta Su venida.

Debemos humillarnos ante Dios nuestro Señor y reconocer Su gloria y majestad, que nos da victoria contra nuestros enemigos. Nuestros enemigos pueden ser el miedo, la ansiedad y la depresión, entre otros. Dios nos salva integralmente, ahora y en la eternidad; somos especiales para Dios, en cuya creación tenemos el más alto valor.

PARA MEDITACIÓN Y COMPARTIR EN GRUPO
Salmo 8 y el devocional anterior:

1. Nombra ejemplos de "la majestad y grandeza de Dios" en Su creación, en Su carácter y en Sus obras.

2. Lee 1 Samuel 17:45-47. ¿Cómo luchó el pastor David "con sus palabras" contra Goliat antes de lanzar una piedra?

3. ¿Qué es tan sorprendente y espectacular en "los cielos, la luna y las estrellas"? (Recuerda que David observaba esto sin instrumentos científicos).

4. ¿Cómo es que el Señor "corona al hombre con gloria y majestad"?

5. ¿De qué maneras dominan los humanos las obras de las manos del Señor?

6. Nota que David empieza este salmo con "nuestro Señor". Una cosa es contemplar cuán maravilloso es Dios; otra es clamar al Creador como "mi Señor". ¿Qué significa esto para tí?

7. Según el devocional, ¿cómo se cumple el plan perfecto de Dios?

8. Según 2 Corintios 3:18, ¿en qué proceso están aquellos que han creído en el Señor Jesús y en Su obra?

9. Escribe tu propio "salmo" o meditación a Dios sobre este tema.

Cómo Dios Nos Habla y Cómo Debemos Responder
Lee el Salmo 19

Desde su juventud, cuando era pastor, David, el autor de este salmo, admiraba la naturaleza, reconociendo su grandeza y belleza. Reconoció al Señor, Creador de los cielos y del firmamento, y cantó al Creador con salmos. Cuando David se convirtió en rey, colocó el Arca de la Alianza en una tienda en el monte Sion (el Arca que había estado en el tabernáculo de Moisés y que más tarde estaría en el templo de Salomón). En este lugar, David no ofreció sacrificios, sino alabanzas y adoración. David no era sacerdote, pero en esta ocasión, el Señor le permitió tener el Arca con él como una medida de gracia y favor del Dios de Israel, quien lo llamó "el hombre conforme al corazón de Dios" (Hechos 13:22, 1 Samuel 13:14).

Dios habla al hombre a través de la naturaleza y, específicamente, a través de Su Palabra para inspirarnos una necesidad de buscarlo. En la naturaleza vemos la grandeza de Dios, Su poder, inteligencia, belleza y Su propósito en todo. A través de Su Palabra sabemos que Dios está interesado en restaurar nuestras vidas, nuestra amistad con Él y en bendecirnos.

La Naturaleza:

Sin palabras y con sonidos inaudibles, Dios se ha dado a conocer universalmente a toda criatura. Podemos ver la gloria y la majestad de Dios observando el orden, el equilibrio, la belleza, la grandeza, la complejidad y la exactitud de todo en la naturaleza. ¿Te has detenido alguna vez a observar un amanecer, un atardecer, un arco iris, los pájaros, los animales, y a reconocer y agradecer a Dios? En cualquier situación difícil, siempre es reconfortante tener contacto con la naturaleza y disfrutar de ella. Si aprovechamos esos momentos, los ciclos del día y la noche nos brindan sabiduría para nuestro beneficio y el de los demás.

Podemos ver la grandeza de Dios, Su creación, nuestra pequeñez y la necesidad que tenemos de Él. Dios, con Su poder, belleza y amor, envía el calor del sol; su calidez y luz brillan sobre todos sin excepción. Esto es una representación de un Dios justo que quiere darse a conocer y salvar a todos.

Su Palabra:

"La ley del Señor es perfecta," o la instrucción (*Torah*) del Señor es perfecta, completa, para restaurar nuestras almas. El alma, nuestro "yo", nuestra persona interior, necesita ser salvada y restaurada. Lee Juan 3:16 y 2 Timoteo 3:15 -16 (LBLA).

Pablo le dice a Timoteo:

"Desde la niñez has sabido las Escrituras, las cuales te pueden hacer sabio para la salvación por la fe en Cristo Jesús. Toda la Escritura es inspirada por Dios y útil para enseñar, para reprender, para corregir y para instruir en justicia, a fin de que el hombre de Dios sea perfecto, enteramente preparado para toda buena obra."

Dios es un Dios de pactos, y Sus testimonios son seguros. Jesús dijo en Juan 5:39, *"Ustedes examinan las Escrituras porque piensan que en ellas tienen vida eterna; pero ellas dan testimonio de mí."*

Su Palabra es fiel, probada, no tiene errores y nos alimenta. *"No sólo de pan vivirá el hombre, sino de toda palabra que sale de la boca de Dios"* (Mateo 4:4 y Deuteronomio 8:3). Las instrucciones son perfectas, y alegran y sanan nuestro ser interior mientras tenemos confianza y amistad con Dios, el autor de la paz perfecta (Isaías 26:3).

Esta paz es valiosa, más preciosa que el oro fino; es la fuente de la fe que nos salva y bendice. Nos alimenta, es más dulce que la miel que sale del panal. Es más nutritiva que la miel orgánica y pura para todo nuestro ser.

¿Te has detenido alguna vez a leer la Biblia y meditar en ella? Si no, esta es una buena oportunidad para hacer de esto un buen hábito.

Aplicación personal:

David nos amonesta a reconocer nuestros errores y pecados conocidos, y a pedirle a Dios que nos libere de los pecados que están ocultos para nosotros.

Uno de los pecados y obstáculos mencionados aquí es el orgullo, que nos impide recibir el perdón, porque no nos reconocemos como pecadores con necesidad de Dios y Su perdón a través de Jesucristo. Cuando lo hacemos, entonces obtenemos la recompensa de la paz interior que proviene de Dios, quien nos ama y envió a Su Hijo a morir por nuestra naturaleza pecaminosa y nuestros pecados.

El Salmo 19 termina con una decisión y el deseo de que la meditación de su corazón y las palabras de su boca sean agradables, en el contexto de alabanza y adoración, en lugar de sacrificios a Dios. Pablo dice en Romanos 10:9-10 (RVR),

"Si confiesas con tu boca que Jesús es el Señor, y crees en tu corazón que Dios lo levantó de los muertos, serás salvo. Porque con el corazón se cree para justicia, pero con la boca se confiesa para salvación."

¿Has tomado tú esta decisión y confesión? Esta es una buena oportunidad para hacerlo.

Finalmente, David confiesa a Dios como su Señor, su Roca y su Redentor. Dios es el Señor de todas las circunstancias; Él es nuestra ayuda y seguridad en todas las situaciones y el que nos ha rescatado para Él. AMÉN.

PARA MEDITACIÓN Y COMPARTIR EN GRUPO
Sobre el Salmo 19 y el devocional:

1. ¿Quién escribió este Salmo? ¿Cómo se describe al escritor? ¿Qué significa "un hombre conforme al corazón de Dios" (como lo era David)?

2. ¿Qué ves cuando observas la naturaleza? Comparte experiencias de estar en la naturaleza y experimentar consuelo durante situaciones difíciles.

3. Nuestra Biblia actual tiene dos testamentos; David conocía la *Torah* (la instrucción), la ley y los primeros cinco libros del Antiguo Testamento. Describe algunas cosas que encontramos en ellos que pueden "restaurar" o "convertir el alma" (Salmo 19:8), o que "hacen sabio al simple".

4. ¿Qué debemos hacer con las Escrituras para obtener estos beneficios?

5. ¿Es posible leer y escuchar la Palabra de Dios sin el "temor del Señor"?

6. ¿Recuerdas un momento en el que experimentaste "deleite" o "advertencia" de las Escrituras?

7. Cuando leemos y escuchamos las Escrituras, vemos nuestros propios pecados y reconocemos que lo que está en nosotros es básicamente "presunción" u orgullo. ¿Qué le pide David a Dios que haga con sus pecados?

8. ¿Qué sucede con la persona en los versículos 13 y 14?

9. Escribe el versículo 14 e inclúyelo como parte de tu oración a Dios.

La Oración de Victoria sobre los Enemigos
Lee el Salmo 20

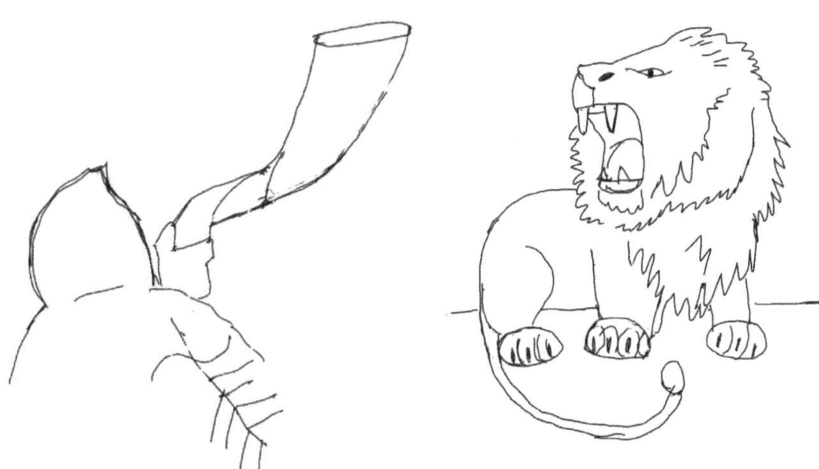

La vida está llena de dificultades, tanto internas como externas, y necesitamos saber cómo ser victoriosos siempre. 2 Crónicas 20:5-12 describe a Josafat, rey de Judá, quien tuvo que enfrentar a sus enemigos. Eran más numerosos y poderosos que él, y tuvo miedo. Josafat oró y ayunó, humillándose y confesando sus pecados ante el Señor Dios de Israel. Reconoció el nombre del Señor, el Dios de pactos y promesas, e hizo su petición. Recordando lo que el Señor había hecho en el pasado y en el contexto de su conflicto, pidió ayuda. El Señor respondió por medio de un profeta, diciendo: "No temáis; la batalla no es vuestra, sino de Dios". Él los guió y les dio una estrategia adecuada. Creyeron, adoraron y alabaron al Señor, y en esos momentos, tomaron los despojos de los enemigos, quienes se confundieron y se destruyeron entre sí.

El Salmo 20 es la oración de un rey antes de ir a la batalla. David fue un rey que había experimentado batallas y victorias; al mismo tiempo, David es conocido por su ejemplo de cómo alabar y adorar al Señor Dios de Israel. Desde su juventud, aprendió a conocer el Nombre del Señor, tener comunión con Él y alabarle.

En este contexto, debemos recordar que nuestras batallas son espirituales y no contra carne y sangre; la victoria no se alcanza por nuestros esfuerzos, sino por el poder del nombre del Señor Jesucristo, quien conquistó en la cruz por nosotros.

Elementos necesarios para la victoria en la batalla:

El nombre del Señor

En este salmo, David nos instruye sobre los elementos que traen victoria en las batallas.

El nombre del Señor, El Adonai, o mi Señor, el gran YO SOY eterno, nuestro Proveedor, el Señor de los Ejércitos, el Dios de Pactos, fue conocido por David a través de su experiencia de comunión y adoración, y en las batallas. Este Dios, tan personal, estaba en el "santuario" o "Monte Sion" en tiempos de David. Hoy, Él está directamente con nosotros a través de Jesucristo, en quien tenemos libre entrada al lugar santísimo; allí tenemos ayuda y fortaleza para cada situación. El nombre del Señor Jesús está por encima de todo nombre, incluyendo las batallas que enfrentamos (el nombre "Jesús" significa "el Señor salva").

Ofrendas y sacrificios

Antes de las batallas, para resolver su problema de pecado y buscar comunión con Dios, los israelitas ofrecían ofrendas y quemaban sacrificios. Ahora sabemos que Jesús ha vencido a nuestros mayores enemigos: el pecado, la muerte, el maligno, la carne y el mundo, en la cruz y en su resurrección.

> "Él, siendo en forma de Dios, no estimó el ser igual a Dios como cosa a que aferrarse, sino que se despojó a sí mismo, tomando forma de siervo, hecho semejante a los hombres; y hallándose en condición de hombre, se humilló a sí mismo, haciéndose obediente hasta la muerte, y muerte de cruz. Por lo cual Dios también le exaltó hasta lo sumo, y le dio un nombre que es sobre todo nombre, para que en el nombre de Jesús se doble toda rodilla de los que están en los cielos, y en la tierra, y debajo de la tierra; y toda lengua confiese que Jesucristo es el Señor, para gloria de Dios Padre" (Filipenses 2:6-11).

Efesios 5:2 dice: *"Y andad en amor, como también Cristo nos amó, y se entregó a sí mismo por nosotros, ofrenda y sacrificio a Dios en olor fragante."* En cualquier batalla, nos acercamos al Padre celestial en oración en el nombre de Aquel que se entregó por nosotros como ofrenda y sacrificio perfecto, dándonos victoria completa. El Señor nos provee con el Cordero para todo lo que necesitamos (*Jireh* - proveedor); debemos creer y darle gracias.

Los deseos de nuestro corazón

En nuestros corazones, con confianza, debemos pedir las bendiciones y la bondad de Dios en nuestros propósitos, planes y objetivos sobre los diversos aspectos de nuestras vidas. Pidámosle, según cada necesidad específica, confiando en Su Palabra, en Sus promesas y en la obra de Jesucristo por nosotros.

La opción de confiar en el Señor

El Señor, quien salvó a su rey ungido, tiene su diestra poderosa y salvadora, Jesús (*Yehoshúa* – "el Señor salva"), quien está sentado a la derecha de la Majestad en las alturas. Él tiene el nombre sobre todo nombre. Solo hay dos opciones: confiar en la fuerza humana temporal, que se debilita y cae, o confiar en el Nombre del Señor, que nos levanta y nos mantiene en pie. Decidamos confiar totalmente en el Señor, quien nos ama y es fiel a Sus promesas.

David termina diciendo: "Oh Señor, sálvanos...", ¡Hosanna, por favor, sálvanos, Señor y Salvador Jesucristo, defiéndenos, ayúdanos, respóndenos y sostennos!

¿Cuál es tu necesidad? Necesitamos confiar en Su Nombre salvador, creer Su Palabra, alabarle y decidir confiar completamente en Él. Él es tu Ayudador, Salvador, la Ofrenda y Sacrificio perfecto. La batalla ya fue ganada en la cruz; solo en Él hay victoria. Él es el único que puede cumplir los deseos de tu corazón y darte victoria en cada batalla. Confiando en Su Palabra, pidámosle, y con fe, démosle gracias.

"No se inquieten por nada; más bien, en toda ocasión, con oración y ruego, presenten sus peticiones a Dios y denle gracias." (Filipenses 4:6,) AMÉN.

Para meditación y compartir en grupo
Sobre el Salmo 20 y el devocional anterior:

1. Según el Salmo 20, ¿qué cosas creía firmemente David que Dios haría?

2. ¿Qué cosas harían David y su pueblo?

3. ¿Quiénes o qué dice el Salmo 5 que son nuestros peores enemigos?

4. Según Filipenses 2:6-11, ¿qué le dio la victoria al Señor Jesús para luego ser exaltado por Dios?

5. Según el pasaje, ¿qué debería inspirar eso en nosotros?

6. Lee 2 Crónicas 20. ¿Qué otros elementos contribuyeron a la victoria de Josafat?

7. Dos veces en el Salmo 20:5,7, David menciona "el nombre de nuestro Dios". Para orar como David y tener fe como él, es necesario que Dios sea "nuestro Dios" y que nos identifiquemos plenamente con Él como el mismo Señor Dios que el Dios de David. Si el Dios de David es tu Dios, ¿cómo puedes tener experiencias similares en oración y fe?

8. Enumera los "elementos para tener victoria en las batallas."

9. Cuando uno ora, ¿en qué debe confiar?

El Señor es mi Pastor
Lee el Salmo 23

Este es un poema clásico que ha sido musicalizado a lo largo de los siglos. Es una alabanza cantada que merece la verdad de dar gracias al Señor. David habla desde su experiencia, partiendo desde la posición de quien provee y cuida a sus ovejas como pastor.

A través del Nuevo Testamento, sabemos que Jesús es el Buen Pastor que da Su vida por sus ovejas; y que Jesucristo resucitado es el Gran Pastor de las ovejas, al cual hemos regresado.

El Pastor provee para nuestras necesidades
El Pastor, que es el Señor y Dios de todo, también es el Proveedor de todo. "Nada me faltará", empezando por nuestras necesidades espirituales más profundas, al recibir a Cristo y Su obra en la cruz por la fe en nuestros corazones.

Descanso:
Nuestra primera necesidad es restaurar la comunión con el Señor. Mateo 11:28 dice: *"Venid a mí todos los que estáis trabajados y cargados, y*

yo os haré descansar. Llevad mi yugo sobre vosotros, y aprended de mí, que soy manso y humilde de corazón; y hallaréis descanso para vuestras almas." El descanso es lo primero que experimentamos en nuestra relación con Dios; Él nos lleva a pastos verdes donde nos da descanso. *"Junto a aguas de reposo me pastoreará."*

NUESTRO CAMINAR DIARIO:

Después del descanso viene la vida diaria normal, pero ahora guiada por el Pastor por sendas de justicia, honrando Su nombre y Su fidelidad. Él conoce el camino y nos ama, así que depende de nosotros obedecerle por amor. En el trayecto puede haber condiciones oscuras que traen temor, pero porque el Pastor que nos ama está ahí, el temor se disipa (1 Juan 4:18). Su vara y Su cayado son mi fortaleza e inspiran confianza. La vara se usa contra el enemigo, y el cayado es para ayudar a las ovejas.

COMUNIÓN:

El Pastor también es un Anfitrión y prepara una mesa (en presencia de nuestros enemigos—que pueden estar en nuestra mente y emociones, o ser enemigos externos). En esa mesa hay comunión, protección, una unción sobre nuestras cabezas, y nuestras copas rebosan (es el poder y gran gozo del Espíritu Santo de Dios en nuestras mentes). Todo esto es el resultado de la comunión con Dios.

EL RESTO DE LA PEREGRINACIÓN:

Después de ser invitados a tener comunión con Dios, Él nos envía la bondad y la misericordia que necesitamos para el resto de nuestra peregrinación. Y al final del camino, estaremos en la casa del Padre, como los hijos que somos, para vivir con Él para siempre.

PARA MEDITACIÓN Y COMPARTIR EN GRUPO
Sobre el Salmo 23 y el devocional anterior:

1. ¿Cómo supo el autor todas estas características del Buen Pastor y acerca de las necesidades y el cuidado de las ovejas?

2. Busca pasajes bíblicos que apoyen el segundo párrafo del devocional.

3. ¿Qué representan los "verdes pastos" para la persona que sigue al Buen Pastor?

4. Las ovejas se recuestan en el pasto después de comer. ¿Qué puedes hacer tú con el "alimento" de la Palabra de Dios?

5. ¿Cuál es el primer "descanso" que una persona tiene en su relación con el Señor Jesús?

6. Investigación:
• ¿Qué hacía un pastor con la vara y el cayado?

• ¿A qué se comparan ahora estas herramientas en el Señor?

7. ¿Cómo nos enseñan las "sendas de justicia" del Salmo 23 a vivir una vida recta? ¿Cuál es la relación entre el Salmo 23 y el Salmo 1:1, en el cual el autor decide no hacer ciertas cosas?

8. ¿Qué cosas pueden causarte temor?

9. ¿Qué sucede con el temor cuando recuerdas que el Señor está contigo?

10. En Mateo 11:28-29, ¿cómo se encuentra "descanso para el alma" en el yugo del Señor?

11. ¿Qué inspiración encuentras en tu meditación del Salmo 23? ¿Es una oración, una ilustración artística, música, un poema, un mensaje para alguien que no conoce al Señor Jesús, u otra cosa?

Restaurando la relación con Dios y adorándole
Lee el Salmo 24

El Señor Dios es el dueño de la tierra y de todo lo que hay en ella, incluidos sus habitantes. Él es digno de reconocimiento y adoración. Estamos llamados a ser buenos administradores de la tierra y del mundo. El ser humano fue creado a imagen y semejanza de Dios para tener comunión con Él, pero debido al pecado, esa comunión se perdió. Es importante saber cómo restaurar la comunión con el Creador para adorarlo por lo que Él es: el Rey de gloria.

En el Salmo 24, el rey David hace un llamado a alabar y adorar a Dios en su monte santo (el Monte Sion). Nos hace dos preguntas: ¿Quién subirá al monte del Señor? ¿Y quién podrá estar en su lugar santo? Luego, David da la bienvenida al Señor, el Rey, el poderoso Señor de los Ejércitos, a la entrada de la ciudad de David.

David conocía la ruta del Arca del Pacto, que representaba la presencia de Dios en la tierra. En tiempos del sacerdote Elí, sin ninguna preparación espiritual y usándola como un amuleto, los israelitas llevaron el Arca a una guerra contra los filisteos, y fue capturada por el enemigo. Los filisteos sufrieron muchas calamidades mientras tuvieron el Arca, por lo que la devolvieron a Israel con ofrendas.

Durante los siguientes 27 años, el Arca estuvo en la casa de Abinadab, y desde allí David la llevó a Jerusalén. Pero al faltar temor del Señor, el Arca fue transportada en un carro de bueyes, y alguien la tocó y murió.

David entonces dejó el Arca en la casa de Obed-Edom por tres meses, donde fue bendecido él y su casa.

REQUISITOS PARA ESTAR EN LA PRESENCIA DEL SEÑOR

Después de que David nos llama a alabar a Dios—quien es el Dueño de todo y nosotros solo somos administradores—nos llama a tener comunión con Dios. Él responde a las dos preguntas de quién subirá y quién permanecerá en el monte santo enumerando las características de una persona justa:

- *"El que tiene manos limpias y corazón puro":* nuestras acciones e intenciones deben ser puras.

- *"El que no eleva su alma a cosas vanas (falsas)":* Adorar cualquier cosa que no sea Dios—la creación, las criaturas o lo hecho por el hombre—no puede salvarnos y por lo tanto es falso. No debemos adorar, venerar ni pedir a estas cosas.

- *"Ni jura con engaño":* La honestidad y todo lo que decimos con la boca es importante.

Estas son las características internas y el estilo de vida de una persona justa. El resultado de ser justo es recibir la bendición y la justicia de Dios de su salvación. Dios es justo por naturaleza y da a cada uno según su necesidad. La justicia es el cumplimiento perfecto de la ley perfecta de Dios. Pero como humanos, es imposible no fallar en algo. El Salmo 14 dice: "No hay justo, ni aun uno". Por eso necesitamos la justificación. La justificación es el acto mediante el cual Dios imputa o aplica la justicia de Jesús, quien es el único que cumplió completamente la ley y fue nuestro sustituto en la cruz.

Cuando, por la fe, recibimos la justificación de parte de Dios, somos llamados a permanecer en una vida justa, mediante el arrepentimiento continuo y la fe en Jesús.

El salmo dice: "Tal es la generación de los que le buscan, de los que buscan tu rostro, oh, Dios de Jacob." La palabra hebrea "rostro" es la misma que "presencia" en la Biblia.

"¡ABRAN LAS PUERTAS PARA QUE ENTRE EL REY DE GLORIA!"

Habiendo resuelto el problema del pecado que nos separa de Dios, Él entra a Jerusalén como el Rey de gloria. La gloria, el honor y la presencia y esplendor de Dios (*kabod* en hebreo) se perdieron cuando el Arca fue capturada. Pero fue recuperada, y Dios fue visto como santo. Ahora es bienvenido al Monte Sion, la ciudad de David. Las puertas debían abrirse para el Rey de gloria, el Fuerte y Poderoso, el Señor de las batallas. No importa qué tipo de batalla estemos atravesando, el Señor está sobre todas.

Antes de que se abrieran las puertas, David preguntó: "¿Quién es este Rey de gloria?" La respuesta fue "el Señor", y las puertas se abrieron. David se refería a "las puertas eternas" que fueron abiertas para dejar entrar al Rey de gloria.

Jesús dice: "He aquí, yo estoy a la puerta y llamo; si alguno oye mi voz y abre la puerta, entraré a él, y cenaré con él, y él conmigo" (Apocalipsis 3:20). El Jesús victorioso quiere entrar en nuestras casas y corazones: el Primogénito de los muertos, Él que abrió las puertas del Reino de los cielos para los creyentes, el Cordero de Dios, el León de la tribu de Judá, el Rey de reyes, Señor de señores, con toda autoridad en el cielo y en la tierra.

Debemos alabar al Señor por su creación, y tenemos la responsabilidad de administrarla. Pero solo podemos ser felices en Su presencia cuando hemos sido justificados por la fe en Jesús, y cuando caminamos en justicia. ¡Somos parte del Reino Eterno!

PARA MEDITACIÓN Y COMPARTIR EN GRUPO
El Salmo 24 y el devocional anterior:

1.   ¿Cuáles son las características y atributos de Dios en este salmo?

2.   ¿Qué hace esta persona, según este salmo?

3.   Lee el Salmo 118:10-21 y comenta las similitudes con el Salmo 24.

4. Lee el Salmo 89:5-9, 11 y compáralo con este salmo.

5. Describe "manos y corazón puros" y la "verdad."

6. Las "puertas eternas" (v. 7) no se refieren a la eternidad sino a un lugar permanente para el Arca de Dios. Comenta sobre el concepto de que la presencia de Dios estaba donde estaba el Arca.

7. Algunos creen que los versículos 9-10 pueden referirse a la segunda venida del Señor para gobernar. Comenta sobre esto.

8. Según la explicación del devocional, ¿qué es la justificación?

9. Escribe una oración a Dios basada en este salmo.

Confiar en la Protección del Señor
Lee el Salmo 27

Dios, el Señor, es el mejor refugio en el peor problema. Él es Luz, Salvación y Fortaleza; si caminamos con Él, nunca nos abandonará. Su salvación, Su presencia y la meditación en Su Palabra son el mejor refugio.

Siendo un joven pastor, para defender a sus ovejas en el campo, David, autor de este salmo, enfrentó enemigos como leones y osos. Cuando llegó a ser rey de Israel, rescató el Arca del Pacto de los filisteos y la llevó a la casa de Obed-Edom, donde permaneció tres meses. En ese tiempo, Dios bendijo a Obed-Edom y todo lo que tenía. Luego, David trasladó el Arca a Sion, en Jerusalén, donde adoró y alabó espontáneamente al Señor, sin sacrificios ni liturgias. En ese momento, cuando David se refería a la casa del Señor, lo hacía en relación con la tienda que albergaba el Arca del Pacto, no a un edificio.

En ese tiempo, el rey David pasaba por momentos difíciles, y es entonces cuando acudió al Señor Dios como su refugio. Él dice: "El Señor es mi luz y mi salvación, la fortaleza de mi vida. ¿De quién temeré?" La palabra "mi" es importante porque se apropia de las promesas de Dios.

¿Te gustaría tener una experiencia como la de David?

MI LUZ, MI SALVACIÓN, MI FORTALEZA:

LUZ:

La fe en Dios nos hace ver mejor las cosas porque Él es Luz. Juan 1:9 dice que Jesús es la luz verdadera que alumbra a todos. En Juan 8:12, Jesús dice: *"Yo soy la luz del mundo; el que me sigue no andará en tinieblas, sino que tendrá la luz de la vida."*

SALVACIÓN:

Jesús significa "el Señor salva". Juan 3:16 dice que Dios Padre, en Su amor, nos salvó enviando a Su Hijo a morir por nosotros, para que todo aquel que cree tenga vida eterna. En Hechos 4:12, Pedro dice acerca de Jesús: *"Y en ningún otro hay salvación, porque no hay otro nombre bajo el cielo, dado a los hombres, en que podamos ser salvos."*

FORTALEZA:

Pablo dice en Efesios 6:10: "Fortaleceos en el Señor, y en el poder de su fuerza."

ORACIÓN Y ACCIÓN:

Durante la oración debemos recordar el pasado, como David recordó las victorias que Dios le había dado, venciendo leones y osos para defender a sus ovejas. Debemos mirar al futuro con optimismo y fe, creyendo y esperando, buscando las promesas de Dios.

Nuestro enfoque debe ser "una cosa he demandado al Señor, ésta buscaré," sin distracciones, como María, la hermana de Marta, a quien Jesús dijo: "Una sola cosa es necesaria; y María ha escogido la buena parte."

David dice: "Que esté yo en la casa del Señor... para contemplar la hermosura del Señor y para inquirir en su templo." David se refiere a la presencia de Dios, como era en el Jardín del Edén con Adán y Eva antes de la caída. Debido al Arca con su propiciatorio, David se sentía protegido, así como nosotros lo somos por la sangre de Cristo.

DAVID OFRECÍA SACRIFICIOS DE JÚBILO.

David clamó al Señor. En Jeremías 33:3, Dios dice: "Clama a mí, y yo te responderé, y te enseñaré cosas grandes y ocultas que tú no conoces."

David buscó el rostro de Dios. 2 Crónicas 7:14 dice: *"Si se humillare mi pueblo, sobre el cual mi nombre es invocado, y oraren, y buscaren mi rostro, y se convirtieren de sus malos caminos; entonces yo oiré desde los cielos, y perdonaré sus pecados, y sanaré su tierra."*

Dios nos protege y no nos abandona; Él es aún mejor que nuestros padres. Si has sufrido una pérdida o has sido abandonado, el Señor está allí, dispuesto a levantarte si se lo permites.

Para mantenernos fuertes, necesitamos creer en la bondad de Dios en cualquier situación difícil mientras vivamos en la tierra.

En la reciente pandemia, con todas sus dificultades, la solución a todo temor fue, y sigue siendo, la Luz, la Salvación y la Fortaleza del Señor Dios a través de Jesucristo. ¿Has recibido las buenas noticias? Te invito a esperar en el Señor y a confiar en Sus promesas.

PARA MEDITACIÓN Y COMPARTIR EN GRUPO
El Salmo 27 y el devocional anterior:

1. Versículo 1: "El Señor es mi luz y mi salvación...". Lee el Salmo 18:28. ¿Cómo se relacionan estos dos pasajes entre sí?

2. En la Biblia, ¿qué ejército enemigo del pueblo de Israel "tropezó y cayó"?

3. En los versículos 4–6, David asocia buscar al Señor y meditar en Su casa con ser exaltado por encima de sus enemigos, lo que luego resulta en adoración y expresiones de gozo. Comenta sobre esto.

4. La persona que cree, busca y confía en el Señor no siempre escapará de la dificultad, los enemigos o las falsas acusaciones. En estos tiempos hay más persecución, y seguirá habiéndola, por causa del evangelio. Según el versículo 13, ¿cómo hizo David para no desmayar?

5. ¿Por qué mirar al pasado y hacia el futuro nos ayuda cuando oramos?

6. Según el orden de los temas en el Salmo 27, ¿quién es el Señor para ti y qué le pides, por tanto?

7. Según el salmo, ¿qué se evita al creer en la bondad del Señor?

8. ¿En qué tipos de situaciones buscas el rostro del Señor?

9. ¿Quiénes son tus adversarios? ¿Qué le pides al Señor respecto a ellos?

10. ¿Crees en la bondad del Señor? ¿Cómo se lo expresas?

Bendiciones y Liberación que Trae el Perdón
Lee el Salmo 32

¿Qué nos hace felices? ¿Algo externo? ¿Las circunstancias, el dinero, la aprobación de otros? Hay una felicidad que proviene del perdón de Dios. El nombre "Judá" en hebreo significa "reconocimiento" y al mismo tiempo "alabanza y acción de gracias".

A pesar de tantos problemas, aún podemos ser parte de la solución cuando hacemos una autoevaluación para identificar problemas y resolverlos. El mayor y más importante problema de la humanidad no son nuestras circunstancias ni otras personas, sino el pecado que nos separa de Dios. Este ha sido el mismo problema desde el principio.

"Porque la paga del pecado es muerte, pero la dádiva de Dios es vida eterna en Cristo Jesús Señor nuestro. " (Romanos 6:23).Esta muerte es la separación de Dios y con ella viene la destrucción, pero en esto, *Dios muestra su amor para con nosotros, en que siendo aún pecadores, Cristo murió por nosotros*" (Romanos 5:8), para que, mediante la eliminación de la culpa del pecado, Él nos dé perdón, vida espiritual y paz.

La paz interior que el Señor nos da es una paz total: con Él, con nosotros mismos y con los demás. No depende de circunstancias externas, porque es interna y depende de nuestra relación con Dios. Esta relación o comunión con Dios trae paz completa, liberación, felicidad y alabanza. Esto se convierte en realidad cuando aceptamos por fe la obra de Cristo en la cruz; reconocemos nuestros pecados, los confesamos, nos apartamos del pecado y nos acercamos a Dios.

El indicador o señal de que hemos sido perdonados por Dios es la paz interior, la alegría y la felicidad que se manifiestan externamente e impactan nuestro entorno. En el Salmo 32, el Rey David nos instruye sobre las grandes bendiciones que trae el perdón, la liberación de la culpa del pecado, el cuidado que debemos tener para no vivir una doble vida, así como la protección y dirección que Dios nos da.

LA BENDICIÓN DEL PERDÓN

El Rey David nos instruye sobre la gran bendición y felicidad que se experimenta al recibir el perdón de los pecados del Señor. Dios es justo, y según Éxodo 34:6-7:

> *" Entonces pasó el SEÑOR por delante de él y proclamó: El SEÑOR, el SEÑOR, Dios compasivo y clemente, lento para la ira y abundante en misericordia y fidelidad; el que guarda misericordia a millares, el que perdona la iniquidad, la transgresión y el pecado, y que no tendrá por inocente al culpable..."*

El Señor es misericordioso y perdona al pecador, pero es justo y da a cada uno según su necesidad, incluso con consecuencias generacionales. Hebreos 9:13-14 dice:

> *"Porque si la sangre de los toros y de los machos cabríos, y las cenizas de la becerra rociadas a los inmundos, santifican para la purificación de la carne, ¿cuánto más la sangre de Cristo... limpiará vuestras conciencias de obras muertas para que sirváis al Dios vivo?"*

La sangre de Cristo, su Hijo, nos limpia de todo pecado cuando lo confesamos ante Dios.

"Porque la paga del pecado es muerte", y eso es lo que vino a hacer Jesús en su primera venida: expiar (eliminar la culpa del pecado), absolver, o dejar sin culpa al pecador que se arrepiente, y así ser misericordioso (sacrificio que satisface la justicia divina) para restaurar al pecador a la comunión con Dios.

La transgresión (rebelión contra la ley de Dios) es perdonada, el pecado (errar el blanco, cometer actos malvados) es cubierto, cancelado y limpiado, y la iniquidad (vida contraria y en rebelión contra Dios) es imputada o puesta sobre el Cordero de Dios que quita el pecado del mundo.

Pero para que haya perdón en el hombre (Adán — humanidad), debe haber un reconocimiento de la necesidad de un Salvador y un reconocimiento sincero del pecado sin excusas. La confesión del pecado es parte de ese reconocimiento e incluye arrepentimiento (apartarse del pecado y cambiar la mente). Por eso dice Proverbios 28:13: "El que encubre sus pecados no prosperará; mas el que los confiesa y se aparta alcanzará misericordia." El resultado de revelar y confesar nuestros pecados ante Dios es la prosperidad y Su misericordia.

1 Juan 1:9 dice: "Si confesamos nuestros pecados, él es fiel y justo para perdonar nuestros pecados y limpiarnos de toda maldad." El perdón y la limpieza interior llegan. Si no encubrimos nuestro pecado ante Dios, sino que lo confesamos, obtenemos santidad en nuestras almas, emociones, mentes e incluso en nuestros cuerpos.

ESTILO DE VIDA:

Una vida de comunión con Dios es una restauración que requiere confesión constante de pecados conocidos para acercarnos más a Dios y ser más victoriosos. Salmo 32:6 dice:

"Por esto orará a ti todo santo en el tiempo en que puedas ser hallado; ciertamente en la inundación de muchas aguas, no llegarán estas a él." Esta restauración incluye no solo la confesión del pecado, sino el despojo de cargas emocionales, y pedir y recibir ayuda en tiempos de necesidad.

El Señor es un refugio seguro para quienes tienen comunión con Él, aunque será Juez para quienes hoy lo rechazan, porque Él es justo. Es un refugio. Nos guía y enseña en el camino correcto a través de Su Palabra y Su Espíritu cuando tenemos comunión con Él.

El consejo de una persona que ha sido perdonada es obedecer por amor y respeto a Dios. Esto es para nuestro bien y evita que seamos como el caballo o el mulo que necesitan freno y riendas para volverse, mediante fuerza y dolor. Para nuestro bien y prosperidad, es mejor aprender siguiendo este consejo que aprender por el dolor. Según la ley de siembra y cosecha, si alguien elige el camino del pecado, cosechará gran dolor; pero si elegimos la comunión con Dios, Su misericordia y bendiciones nos seguirán. Cuando recibimos el plan de Dios que Él provee en Su justicia y amor en la cruz, debemos venir a Él con sinceridad, confesando nuestras faltas y pecados, apartándonos de ellos y cambiando nuestras actitudes. Esto trae el fruto de paz, felicidad y comunión con Dios.

Cuando hacemos una autoevaluación constante, debemos ser específicos al nombrar los pecados que necesitamos conquistar, confesarlos ante Dios sin excusas, creer y aceptar que Jesús murió por todos nuestros pecados y que Dios es fiel y justo para perdonarnos y limpiarnos de toda maldad. El fruto y resultado de esto será paz, felicidad y gozo. " Alegraos en el SEÑOR y regocijaos, justos; dad voces de júbilo, todos los rectos de corazón. " (v. 11). No somos perfectos, pero somos sinceros y tenemos el deseo de ser libres en nuestras almas y en todo nuestro ser.

Para Meditación y Compartir en Grupo
Salmo 32 y el devocional anterior

1. ¿Por qué una persona no perdonada no es feliz ni está satisfecha?

2. Según el salmo, ¿de qué depende nuestra paz?

3. Investiga y describe estos términos importantes de la fe:
   * Expiación:

   * Absolver:

   * Propiciación:

   * Perdón:

- Confesión:

- Arrepentimiento:

4. Investiga la importancia de:
   - Conocer a Dios mediante una constante permanencia en Su Palabra, la Biblia.

   - La comunión con el Espíritu Santo.

5. Comenta sobre el versículo 10.

6. ¿Qué relación tiene el versículo 11 con el resto del capítulo?

7. Hay un pensamiento común al principio y al final de este capítulo. ¿Cuál es?

8. Tenemos una invitación (una urgencia) a abrir nuestros corazones y presentar ante el Señor todo aquello que no ha sido confesado y que ha traído carga, dolor y angustia. Él ofrece perdón, libertad y gozo. ¿Cuál es tu respuesta a esta invitación?

ALABANDO AL SEÑOR EN TIEMPOS DIFÍCILES
Lee el Salmo 34

Este salmo de David es un cántico que instruye sobre la necesidad de alabar al Señor Dios en toda circunstancia. Cuando buscamos, clamamos y confiamos en el Señor, Él nos libra del temor y la angustia, nos defiende y suple toda necesidad; Él es nuestro Redentor. Debemos buscarlo, clamar y confiar en Él; guardar nuestros pensamientos, palabras y acciones con respeto reverente hacia el Señor.

Antes de convertirse en rey de Israel, David, siendo un guerrero que alababa, pasó por una serie de dificultades y persecuciones por parte de los enemigos de Israel. Huyó a la tierra de los filisteos, donde el rey Aquis lo recibió. Pero los siervos filisteos desconfiaban de él por ser israelita. David fingió estar loco para que lo desterraran. Cuando regresó a Israel, se refugió en la cueva de Adulam, donde varios hombres necesitados se unieron a él y formaron parte de su ejército.

Este es el contexto del consejo e instrucción de David en el cántico del Salmo 34.

Su primer consejo es alabar al Señor siempre y en cualquier circunstancia. Pablo y Silas fueron liberados después de cantar himnos a Dios en la cárcel (Hechos 16:25).

Buscar al Señor (*Adonai, Hashem*) es una decisión. Dios es el Dios de los pactos, el mismo ayer, hoy y por siempre. Él es fiel, nos ama y promete responder.

" En el SEÑOR se gloriará mi alma."

"Engrandezcan al Señor conmigo." Él habita en la alabanza de su pueblo. Siempre hay victoria en Su presencia. ¿Te gustaría alabarle ahora?

"Busqué al Señor, y Él me respondió y me libró de todos mis temores." (Jesús dijo: "pedid", "buscad" y "llamad"). Él nos libra de todo temor: a la soledad, al futuro, al abandono, entre otros. Solo Cristo es la solución. Él dice: *"Venid a mí todos los que estáis trabajados y cargados, y yo os haré descansar..."* (Mateo 11:28). *"Acerquémonos, pues, confiadamente al trono de la gracia, para alcanzar misericordia y hallar gracia para el oportuno socorro"* (Hebreos 4:16). Él responde y salva. La salvación es liberación y es para todo nuestro ser: espíritu, alma y cuerpo.

Los que lo miraron fueron iluminados o radiantes. Hay gracia y paz de parte de Dios Padre y del Señor Jesucristo (ver Números 6:24-26). Él está sentado a la diestra de la majestad de Dios, intercediendo por nosotros como Sumo Sacerdote.

"Este pobre clamó, y le oyó Jehová, y lo libró de todas sus angustias."
• ¿Has clamado al Señor con una actitud de necesidad y humildad?

" El ángel del SEÑOR acampa alrededor de los que le temen, y los rescata."
• Temer al Señor es tener respeto reverente hacia Él, ser conscientes de Su presencia para agradecerle con pensamientos, palabras y acciones; es administrar nuestro tiempo, talentos y dones.

"Gustad y ved."
• No cuestionamos el sabor de la miel, pero su dulzura y calidad son una experiencia.

"Los leoncillos pasan necesidad y tienen hambre, mas los que buscan al SEÑOR no carecerán de bien alguno." (v. 10)
• Ver tambien Mateo 6:33.

" Venid, hijos, escuchadme; os enseñaré el temor del SEÑOR."
• No se refiere a enseñar a tocar el arpa o cómo usar la espada. La vida con calidad y abundancia proviene del temor al Señor, guardando nuestras lenguas del mal y del engaño, buscando y siguiendo la paz.

Si estás atravesando alguna dificultad, habla con el Señor, sabiendo que Él es fiel y te ama. Somos justificados ante Dios solo por la fe y tenemos paz con

Él por medio del Señor Jesucristo. El Señor escucha a cualquiera que clama y lo busca con una actitud de humildad. El respeto y el temor del Señor traen vida, nos guardan y nos libran de todas las aflicciones. Él nos rescata del pecado con Su sangre, con la cual hizo un pacto con todo aquel que cree y lo recibe. *"No hay condenación para los que están en Cristo"* y se refugian en Él.

Si has perdido a un ser querido, si estás frustrado, ansioso, deprimido o sientes que estás en una cueva como David, Jesús dice: *"Venid a mí todos los que estáis trabajados y cargados, y yo os haré descansar."* Él libera al que ha sido justificado y busca una vida justa. Recibe al Señor como tu Refugio, tu Libertador; Él es tu Médico y tu Abogado. Dale gracias y alábale.

Para Meditación y Compartir en Grupo
Salmo 34 y el devocional anterior

1. ¿Dónde estaba David cuando fue inspirado con estos pensamientos?

2. ¿Quién es el personaje principal en el salmo?

3. En pocas palabras, completa lo que dice David:

    • Versículos 1-3 nos instruyen a ___________________________________

    Versículos 4-7 dicen ____

    Versículos 8-11 llaman a los niños a ________________________________

    • Versículos 12-18 llaman a ciertas acciones: _________________________

    • Versículos 19-22 afirman ____

4. Recuerda experiencias en las que tuviste miedo y clamaste al Señor.

5. Busca la palabra "todo" o "todas" en el capítulo y haz observaciones.

6. ¿Qué es "el temor del Señor"? (Ya vimos esto en un salmo anterior de esta serie).

7. Escribe uno o dos versículos de este salmo, para memorizar.

Cómo Salir del Pozo de la Desesperación
Lee el Salmo 40

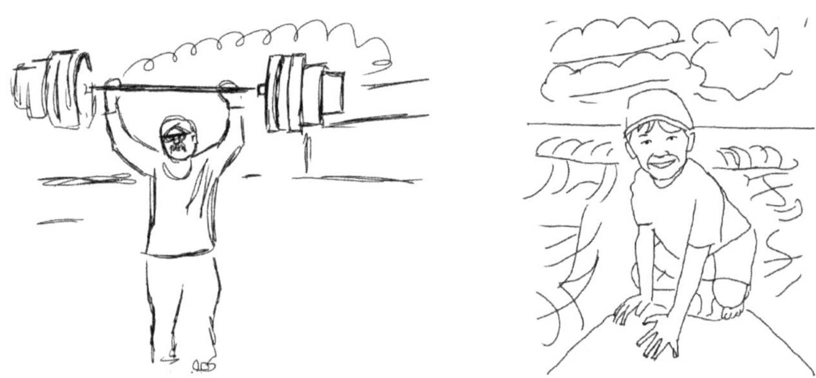

David pasó por grandes dificultades que crearon cargas emocionales de ansiedad, estrés, incertidumbre y desesperación. David se sentía como si estuviera en un pozo profundo y oscuro, de pie en el lodo. Todo lo que podía hacer era mirar hacia arriba al Señor y clamar por ayuda.

Durante tiempos de diversas dificultades, como la situación causada por la pandemia, uno puede desesperarse y perder la esperanza, y surgir una incertidumbre sobre el futuro debido a la pérdida del empleo, pérdida de bienes, problemas financieros, problemas de salud, entre otros.

Cómo salir del pozo de la desesperación

En su canto, David instruye primero que debemos clamar al Señor; cualquier cosa fuera de Él es falsa o limitada, porque solo Dios tiene un interés genuino y la capacidad de ayudarnos. Luego, David espera pacientemente en el Señor.

Clamar es gritar pidiendo ayuda, con una oración que surge desde lo más profundo del ser.

La esperanza es la expectativa confiada y certera de algo en el futuro. La paciencia es perseverancia, permanencia, firmeza. La impaciencia trae estrés, frustración y enojo.

Jeremías 33:3 dice: "Clama a mí, y yo te responderé y te revelaré cosas grandes e inaccesibles, que tú no conoces". Dios conoce nuestras necesidades, pero cuando clamamos y esperamos, Él nos enseña durante el proceso, y Él nos responde. Se inclina para escucharnos siempre y nos saca del pozo, nos pone sobre la roca y afirma nuestros pasos. Esperar con perseverancia es importante para permitir que los beneficios de Dios obren en nosotros.

Esto se llama salvación: La roca es Cristo, quien es nuestro Salvador y nuestro Camino. Hay solidez y seguridad en Cristo. Aunque el futuro parezca incierto, si lo seguimos a Él, Él conoce el mejor camino. Él es "el camino, la verdad y la vida; nadie viene al Padre sino por" Él.

La salvación siempre trae felicidad, gozo y un cántico nuevo. Israel pudo cantar un cántico nuevo cuando fue liberado en el desierto fuera de Egipto. Cuando uno experimenta la salvación, otros se benefician al verlo, y también temerán y confiarán en el Señor.

En ese momento, reconocemos las innumerables maravillas que el Señor ha hecho, lo que hizo en nuestra gran salvación y lo que ha hecho al mirar nuestro pasado y observar a los que están a nuestro alrededor y lo que nos rodea.

Los sacrificios de sangre, ofrendas y holocaustos han cesado, según Hebreos 10:5-7, 10:

"Por lo cual, al entrar Él en el mundo, dice: Sacrificio y ofrenda no has querido, pero un cuerpo has preparado para mí; en holocaustos y sacrificios por el pecado no te has complacido. Entonces dije: «He aquí, yo he venido (en el rollo del libro esta escrito de mí) para hacer, oh Dios, tu voluntad».

Por esta voluntad hemos sido santificados mediante la ofrenda del cuerpo de Jesucristo ofrecida de una vez para siempre."

Mateo 17:5 dice: "Una voz desde el cielo dijo: Este es mi Hijo amado en quien tengo complacencia; a Él oíd." Él es el Sacrificio suficiente para nuestra justificación, para vivir una vida justa y ser aceptados en la presencia de Dios.

Al escuchar la Palabra de Dios, por la fe, abrimos nuestros oídos espirituales y obedecemos Su Palabra con amor.

La proclamación del evangelio de buenas nuevas incluye la justificación por la fe y una vida recta, porque Dios es justo, misericordioso y fiel. "Porque la paga del pecado es muerte, pero la dádiva de Dios es vida eterna en Cristo Jesús Señor nuestro." (Romanos 6:23)

Él nos salva de nuestros enemigos, de los enemigos internos, de nuestras innumerables aflicciones y de nuestras iniquidades. Él nos salva y nos ayuda cuando venimos en el nombre de Jesús, confesamos nuestros pecados y nos apartamos de ellos; también de enemigos externos a nuestro alrededor y de los que se burlan. El Señor nos defiende y nos salva.

Debemos buscar al Señor en oración, estudiar y meditar en Su Palabra. El gozo y la felicidad vendrán de ello. Digamos continuamente: "¡Grande es el Señor!". Esto también trae amor por Su salvación, por Jesucristo.

Cuando tengamos cualquier necesidad, debemos orar desde lo más profundo de nuestro ser, sabiendo que Dios el Señor nos conoce individualmente. Él es nuestra ayuda y nuestro Salvador-Liberador, quien nos ayuda prontamente si creemos y clamamos. Nos pone sobre la roca y afirma nuestros pasos; nos da esperanza y salvación.

Para Meditación y Compartir en Grupo
Salmo 40 y el devocional anterior

1. Menciona algunos ejemplos de personas que son "soberbias" o "que se desvían tras la mentira". (Ver vers. 4)

2. Comenta la frase "Nadie se puede comparar contigo".

3. Lee Hebreos 7:25-28; Hebreos 8:6-7; Hebreos 9:11-12, 15, 23-25, 28 y Hebreos 10:10-18. Explica por qué Jesús fue "una ofrenda y sacrificio suficiente para nuestra justificación."

4. En los versículos 9-10, después de ser rescatado de su desesperación, David presenta una respuesta importante. Comenta.

5. Según el versículo 11, ¿qué mueve al Señor a actuar a favor de las personas débiles, caídas y desesperadas?

6. Los versículos 12-15 hablan de los enemigos que sobrepasaron a David. ¿Quiénes o qué eran?

7. Responde con tus propias palabras: En mi aflicción y necesidad, Dios mío, tú eres...

Tratamiento para la Depresión
Lee el Salmo 42

La depresión es un sentimiento de estar perdido, vacío, triste, nostálgico, con recuerdos dolorosos y dificultades relacionadas. Es un sentimiento profundo del alma. El alma está compuesta por sentimientos, intelecto y voluntad. La depresión es un sentimiento y una necesidad profunda que solo puede ser llenada con la presencia de Dios.

El sentimiento de estar perdido puede venir de estar lejos de la presencia de Dios, como vemos en el Salmo 42. El autor de este salmo estaba en el exilio, lejos de Jerusalén y del Arca del Pacto; se encontraba en un lugar lejano en el desierto, en medio de un pueblo pagano, deseando servir a Dios en Jerusalén.

El estado de depresión también puede venir por la pérdida de seres queridos, cosas o trabajo, por estar lejos de la familia, y otras pérdidas como las que trajo la reciente pandemia. Más allá de causas orgánicas—como problemas hormonales, enfermedad de la tiroides u otras enfermedades— la depresión es un sentimiento y un problema profundo que solo puede ser aliviado y resuelto por Dios y Su presencia.

Sed
La necesidad de agua es vital; no podemos estar sin agua por más de tres

días. Los ciervos son un ejemplo interesante: un ciervo corre jadeando, cansado de buscar agua para saciar su sed intensa. Cuando encuentra corrientes de agua, sumerge su cabeza y bebe hasta quedar satisfecho.

Juan 7:37-38 dice: *"En el último y gran día de la fiesta, Jesús se puso en pie y alzó la voz, diciendo: 'Si alguno tiene sed, venga a mí y beba. El que cree en mí, como dice la Escritura, de su interior correrán ríos de agua viva.'"*

Isaías 55:1 dice: "¡A todos los sedientos: venid a las aguas! Y los que no tienen dinero, venid, comprad y comed..." La sed es una condición que necesita ser satisfecha; la sed del alma es un deseo interior que no puede ser llenado con nada ni nadie, solo con el Espíritu de Dios y Su Palabra.

DEPRESIÓN:
La depresión se alimenta de la tristeza y de oír palabras negativas (le decían al salmista: "¿Dónde está tu Dios?").

Recuerda hechos negativos del pasado; sin embargo, el pasado debe servirnos para aprender.

LA SOLUCIÓN:
Una persona que está deprimida primero necesita hacerse un autoexamen. "¿Por qué te abates, oh alma mía...?"

Al mismo tiempo, necesita hablar con su alma—el espíritu hablando al alma. "¿Por qué te abates, oh alma mía, y por qué te turbas dentro de mí? Espera en Dios, porque aún he de alabarle, salvación mía y Dios mío."

Debemos hablar a nuestra alma con fe y esperanza, y alabar a Dios. Debemos expresar nuestros sentimientos, especialmente en oración a Dios, y describirlos tal como son: "Un abismo llama a otro a la voz de tus cascadas..." Con fe, también debemos reconocer que hay un poder mayor: "De día mandará el Señor su misericordia, y de noche su cántico estará conmigo, elevare una oración al Dios de mi vida." Aunque parezca contradictorio, debemos expresar nuestros sentimientos tal como son y, al mismo tiempo, en fe, proclamar la misericordia de Dios, alabarle y confesar que Él es "la Roca", nuestra Salvación y Esperanza. Oramos en fe, con esperanza y alabanza.

Luego, una vez más, hablamos a nuestra alma: "¿Por qué te abates, oh alma mía, y por qué te turbas dentro de mí? ¡Espera en *Elohim*! Aún he de alabarle. Él es la salvación de mi ser, y Él es mi Dios."

Debemos reconocer que las necesidades más profundas de nuestro ser interior solo pueden ser satisfechas por Dios, Su Espíritu y Su Palabra. Debemos sentir la necesidad interior, buscar el Agua Viva, creer, beber y ser saciados.

"¿Está alguno entre vosotros afligido? Haga oración." (Santiago 5:13). En esta oración, uno debe voluntariamente hacerse un autoexamen, expresar lo que hay dentro, confesar a Jesucristo como Señor y Salvador, creer en Su obra y beber del agua de la vida eterna.

El que bebe del agua pasajera volverá a tener sed, pero el que bebe del agua de Cristo tendrá vida eterna.

"Jesús le dijo: Todo el que bebe de esta agua volverá a tener sed; pero el que beba del agua que yo le daré no tendrá sed jamás, sino que el agua que yo le daré se convertirá en él en una fuente de agua que brota para vida eterna." (Juan 4:13-14).

Para meditación y diálogo en grupo
Salmo 42 y el devocional anterior

1. Describe una ocasión en la que tuviste "sed" de algo. Tal vez sabías, o no sabías, que era tu necesidad de Dios.

2. Es común en situaciones difíciles hacer la misma pregunta: ¿Por qué? Pero la razón del "por qué" no es la solución. La solución esta en __________.

3. Comenta las diferencias en lo que el salmista recuerda en los versículos 4 y 5.

4. El salmista a veces habla con ________ (¿quién?) y otras veces con ________.

5. Según el devocional, ¿qué puede representar el "agua temporal"?

6. El salmista expresa una lucha repetida entre las voces que le gritan y lo que él sabe de parte de Dios. Describe esta lucha.

7. ¿Qué tesoro encuentras en estos otros textos sobre "esperar en el Señor"?
   • Isaías 40:31

   • Salmo 130:5,7

   • Lamentaciones 3:22-26 .

   • Otros

Oración de Moisés por Sabiduría y Gracia

Lee el Salmo 90

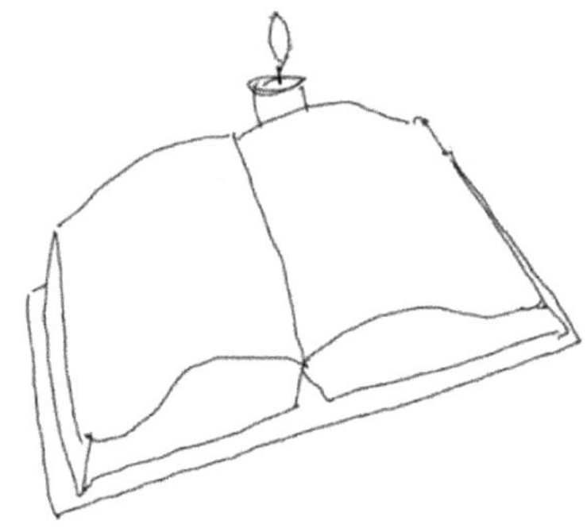

Moisés, el líder y escritor de los primeros cinco libros de la Biblia, quien habló con Dios cara a cara, nos instruye en esta oración cantada. Probablemente escribió este salmo para la nueva generación que estaba por entrar a la tierra prometida. En Éxodo también hay un salmo de Moisés sobre la salida de los israelitas de Egipto. Hay otro salmo de Moisés en Deuteronomio, acerca del tiempo antes de entrar en Canaán (además del Salmo 90), y otro más aparece en el libro de Apocalipsis.

Moisés había visto varias generaciones; había visto la impiedad de Egipto, las plagas, la rebelión de Israel en el desierto, la muerte de muchos, y la muerte de sus hermanos. Para que brotara agua, golpeó la roca con ira en lugar de hablarle, y esta fue la razón por la que no se le permitió entrar en Canaán. Aun así, Dios fue, es y será el refugio para los que lo buscan y lo encuentran, reciben su misericordia y salvación, y lo obedecen en amor.

Refugio en Dios:

Un refugio es un lugar que brinda seguridad y protección contra el clima adverso, el peligro y los enemigos. El Dios eterno es más que un refugio para quienes acuden a Él en tiempos de necesidad. Deuteronomio 33:27 dice: *"El Dios eterno es tu refugio, y acá abajo están los brazos eternos."* (Este versículo es la última parte de las bendiciones de Moisés para Israel antes de morir.) Un refugio es un lugar de descanso, de felicidad y de comunión con Dios a través de Jesucristo, quien es el camino hacia Dios Padre.

El pecado tiene consecuencias que han afectado a la humanidad (*"La paga del pecado es muerte..."*, Romanos 6: 23a). Nuestros pecados están expuestos ante Dios, pero, aun así, Él nos ama. Romanos 6:23b: *"...mas la dádiva de*

Dios es vida eterna en Cristo Jesús Señor nuestro." 1 Timoteo 2:5-6: "*Porque hay un solo Dios, y un solo mediador entre Dios y los hombres, Jesucristo hombre, quien se dio a sí mismo en rescate por todos...*" Debemos reconocer nuestros pecados, confesarlos, arrepentirnos y recibir por fe la buena noticia de Cristo muriendo en la cruz por nosotros. Dios tiene autoridad para juzgar a la humanidad y a su pueblo; Él nos conoce y nos llama a creer y refugiarnos en Él.

LA BREVEDAD DE LA VIDA:

La vida humana es corta y debemos usar bien nuestro tiempo. Para el Dios eterno, mil años son como un día. Debemos depender de Él, buscarlo y pedir sabiduría para vivir, y aprender a contar nuestros días, no solo cosas o dinero. Como dice Moisés: "Vuelve, SEÑOR; ¿hasta cuándo? y compadécete de tus siervos."

"Los días de nuestra vida son setenta años; y si en los más robustos son ochenta años, con todo, su fortaleza es molestia y trabajo, porque pronto pasan, y volamos." (verso 10). Aunque Moisés vivió 120 años, sabía que el promedio de vida era corto. "Enséñanos de tal modo a contar nuestros días, que traigamos al corazón sabiduría." Su petición es aprender a contar y evaluar los días a diario hasta que la sabiduría llegue a nuestro ser interior. La sabiduría es la aplicación correcta de lo que sabemos; su principio es el temor del Señor. Sabiduría es ser conscientes de que siempre estamos ante Él, y debemos administrar correctamente lo que tenemos.

La verdadera satisfacción viene por su misericordia, su gracia y su paz, a través de Jesucristo. Necesitamos sabiduría para no desperdiciar el tiempo que tenemos, para tener una vida útil, buscando agradar a Dios y servir al prójimo. Efesios 5:16 dice que debemos aprovechar bien el tiempo, porque los días son malos.

Para tener una vida fructífera, debemos preguntar a Dios cuál es su propósito para nosotros, para que nuestro trabajo no sea en vano, y para que vivamos una vida de satisfacción y éxito.

EN RESUMEN:

* Debemos reconocer a Dios como refugio y necesitamos su sabiduría para vivir, porque la vida es corta.

* Dios es justo; nuestros pecados están expuestos ante Él, por lo que necesitamos su misericordia y perdón a través de Jesucristo.

* Debemos orar por sabiduría para comprender la brevedad de la vida y encontrar nuestro refugio en Dios.

* Debemos aprovechar el tiempo en lugar de estar ansiosos o agobiados por nuestro trabajo.

- Debemos agradar a Dios y servir al prójimo.

- Debemos ser productivos y vivir preparados para la eternidad; la vida es frágil y temporal.

Para meditación y compartir en grupo
Salmo 90 y el devocional anterior

1. Otro término para "refugio" podría ser "morada". ¿Cuáles son las diferencias entre ambos?

2. En el verso 7, ¿dónde había visto Moisés la ira de Dios?

3. Considerando la brevedad de la vida, ¿qué necesita y pide el salmista?

4. Al considerar tú mismo la brevedad de la vida, ¿qué necesitas y qué pedirías?

5. Según los versículos 14 y 17, ¿qué satisfaría y daría alegría al salmista?

6. Aunque el autor ha visto aflicción, problemas y la ira de Dios (versos 7 y 9), ¿qué declara sobre Dios?

7. El subtítulo del Salmo 90 es "Oración de Moisés, varón de Dios". Después de leer este salmo, ¿por qué crees que se llama así a Moisés?

8. Algunos de nosotros hemos pasado por luchas y pensamientos como los del salmista. Si tú escribieras un salmo, ¿cuál sería su subtítulo? "¿Oración de ___, varón o mujer ___________"?

9. ¿Cuál es tu "oración por sabiduría y gracia"?

Cómo Tener Protección y Seguridad en Tiempos Difíciles
Lee el Salmo 91

En cualquier situación que enfrentemos en la vida, nuestra confianza y seguridad no dependen de lo que es temporal, sino de Dios, quien es eterno. Dios es un refugio, el dueño del tiempo y tiene el control de todo. Él es nuestro Creador y nuestro Redentor a través de la obra de su Hijo Jesucristo. La buena noticia es que la salvación garantiza nuestra seguridad y nos protege de enemigos visibles e invisibles, tanto internos como externos.

El Salmo 91 es un poema que describe a un guerrero, el Rey David, que está en batalla. En su lenguaje de guerra, usa los términos castillo, escudo, refugio, flechas, pestilencia, y al final, en lugar de simplemente sobrevivir, ¡es victorioso! Su victoria proviene de confiar totalmente en el Dios de Israel. Su secreto era conocer a Dios personalmente como el Altísimo, el Todopoderoso y como su Señor. David puso su confianza y su amor en su Señor, quien lo liberó de sus enemigos y le mostró Su salvación.

Condiciones para tener la protección de Dios:

Debemos habitar al abrigo del Altísimo y morar bajo la sombra del Omnipotente. Habitar es residir y estar en la presencia de Dios como parte de Su familia. Logramos esto a través de Jesucristo. Jesús dijo: *"Yo soy el camino, la verdad y la vida; nadie viene al Padre sino por mí."* El apóstol Pedro dijo: *"Y en ningún otro hay salvación; porque no hay otro nombre bajo el cielo, dado a los hombres, en que podamos ser salvos"* (Hechos 4:12). La comunión con Dios es a través de Jesucristo, leyendo y estudiando Su Palabra y hablándole espontáneamente en oración.

Debemos conocer Su Nombre; el Dios trino se revela a través de sus nombres, los cuales manifiestan Su carácter, quién es y qué hace por nosotros.

- **El Altísimo** (*'El Elyon*) se refiere a Dios como el más grande de todos, quien tiene control de todo, quien nos ama y es fiel a Sus promesas.

- **El Todopoderoso** (*'El Shaddai*) es el Dios omnipotente que nos guía por sendas de justicia; cuando seguimos Su sombra, vemos y experimentamos Sus poderosas obras.

- **Mi Señor** (*'Adonai*): cuando nos sometemos a Su señorío y obedecemos, Él nos guarda y nos defiende.

NUESTRA RELACIÓN CON DIOS

"Diré yo al Señor: Esperanza mía, y castillo mío; mi Dios, en quien confiaré." Esta es una confesión verbal, resultado de un corazón con fe. Romanos 10:9 dice: "Si confesares con tu boca que Jesús es el Señor, y creyeres en tu corazón que Dios le levantó de los muertos, serás salvo." Esto implica hacer de Dios nuestro refugio en cualquier dificultad, dándole nuestro amor, obedeciendo Su Palabra y conociendo Sus nombres que nos benefician directamente. Él es Salvador (Jesús), Altísimo, Todopoderoso, y Él es mi Señor. Debemos clamar siempre que tengamos una necesidad.

SUS PROMESAS:

El Señor nos librará del lazo del cazador, de la peste destructora, y con Sus alas nos cubrirá. Su fidelidad y verdad son nuestra protección. Siempre nos dará la victoria sobre la tentación. Nos libra del miedo. "No temerás el terror nocturno, ni saeta que vuele de día… Ninguna plaga tocará tu morada." Dios promete enviar ángeles que te protejan en todos tus caminos… " Sobre el león y la cobra pisarás; hollarás al cachorro de león y a la serpiente (ser espiritual)."

Finalmente, nos recuerda la importancia de aferrarnos a Dios: "Por cuanto en mí ha puesto su amor… cuando me llame, yo le responderé; con él estaré yo en la angustia. Lo libraré y le glorificaré. Lo saciaré de larga vida y le mostraré mi salvación."

EN RESUMEN:

Toma esta oportunidad para reflexionar y hacer una autoevaluación.

- Evaluemos nuestra relación con Dios y Su salvación por medio de la fe en Jesucristo.

- ¿Qué necesitamos reconocer, confesar y dejar atrás para acercarnos y habitar al abrigo del Altísimo y bajo la sombra del Omnipotente?

- Debemos poner en Él nuestra confianza y nuestro amor, y disfrutar de nuestra gran salvación.

PARA MEDITACIÓN Y COMPARTIR EN GRUPO

Salmo 91 y el devocional anterior

1. ¿Qué necesita el alma después de recibir a Jesús como Salvador y Señor?

2. Investiga castillos y fortalezas antiguas. Muchos aún existen. ¿Qué dice el salmista sobre ellos?

3. Este salmo menciona seguridad y protección contra diversos males, pero no promete que no vendrán. Cuando soportamos dificultades, según el salmista, ¿qué debemos hacer?

4. ¿Cómo te inspira esta promesa de Dios: "Yo estaré con él (o ella) en la angustia"?

5. ¿Cuál es la última palabra del salmo? ¿Qué nombre en la Biblia significa o se refiere a esta palabra?

6. ¿Quién "puso su pie" sobre "la serpiente" (verso 13)?

7. Según el salmo, ¿quiénes se benefician de estas promesas del Señor?

8. ¿Cómo procuras ser la persona que "habita al abrigo del Altísimo" o "mora bajo la sombra del Omnipotente"?

"Es Bueno Dar Gracias al Señor"
Lee el Salmo 92

Dar gracias a Dios en todo y por todo es bueno, porque Él es digno y porque nos da libertad interior, salud emocional y física. Debemos dar gracias al Señor porque Él es Creador y Dador de todo bien. Él es Redentor y justifica por la fe en Jesucristo.

Debemos agradecer a Dios por Su presencia, Su provisión, Su restauración, Sus planes y propósito para nosotros y Su reino eterno. La alabanza y la gratitud al Señor deben ser en paz, en reposo y con cánticos, dando gracias a *Adonai* (mi Señor), a *Elyon* (el Altísimo), por Sus obras. Él está "en lo alto", creamos esto o no. Los justos reciben beneficios: son fuertes como el búfalo, majestuosos como la palmera y el cedro, y testifican de la justicia de Dios.

El Salmo 92 era un canto para el día de reposo, cuando solo había una actividad: alabar a Dios. En Cristo, ahora tenemos descanso y victoria en medio de cualquier situación. Es bueno alabar (dar gracias) al Señor porque Él es digno, porque es saludable para todo nuestro ser, porque Dios es bueno y por todo el bien que recibimos de Él. Es bueno cantar salmos al Dios Altísimo que está sobre todo. Hechos 17:28 dice: *"porque en Él vivimos, nos movemos y existimos"*, y dependemos de Él.

Cómo vivir lo que cantamos:

Primero, la instrucción es "declarar tu amor inagotable por la mañana". La misericordia es la disposición de tener compasión de otros que sufren, especialmente para perdonar. El pasaje también dice "y tu fidelidad por la noche". El Señor es un Dios de pactos y Él es fiel. Su amor y fidelidad son razones para siempre darle gracias, mañana y noche.

Desde el momento en que despertamos (en hebreo: *baboker*, la primera hora al despertar) y hasta la noche, la gratitud continúa liberándonos de la ansiedad y la preocupación, y nos da descanso y paz. Un ambiente apropiado para la alabanza, según la Escritura, es "con música e instrumentos", lo cual trae sanidad y libertad.

"Porque tú, oh Señor, me has alegrado con tus obras; en las obras de tus manos cantaré con gozo." Debemos recordar y reconocer las obras del Señor y Su creación; Él hizo al hombre a Su imagen y semejanza. Nos rescata personalmente por medio de Jesucristo Su Hijo. Juan 6:29 dice: *"Respondió Jesús y les dijo: Esta es la obra de Dios: que creáis en el que Él ha enviado."*

Debemos alabarle y reconocerle en nuestras vidas, creyendo y siguiendo principios eternos.

La segunda instrucción es vivir una vida justa. Solo hay dos opciones para vivir delante de Dios: ser justo o necio.

El justo es justificado por la fe y es justificado por Dios y Su gracia, para vivir una vida justa según los principios y valores de Su Palabra.

El necio actúa sin principios ni temor de Dios y no acepta Su existencia. Pero aun así, los principios de Dios son eternos. *"El que cree en Él no es condenado; pero el que no cree, ya ha sido condenado, porque no ha creído en el nombre del unigénito Hijo de Dios."* (Juan 3:18).

Aunque el necio prospere por un tiempo, su fin es destrucción; y con sus ojos y oídos, el justo presencia la ruina del necio.

Nuestros enemigos son espirituales (Efesios 6:10) y debemos fortalecernos en el Señor y en el poder de Su fuerza. Cristo venció la muerte en la cruz y en Su resurrección; Él está vivo ahora. "Pero tú, Señor, estás en lo alto para siempre."

Los beneficios del justo:
Aquí, el Rey David personaliza estos beneficios:

"Tú has exaltado mi poder como el del búfalo salvaje."
- El búfalo es símbolo de poder; es rápido y muy fuerte en medio de las dificultades.

"Me has ungido con aceite fresco."
- David fue ungido con aceite para ser rey de Israel. 1 Samuel 16:13: *"Samuel tomó el cuerno de aceite y lo ungió en medio de sus hermanos; y desde aquel día en adelante el Espíritu del Señor vino sobre David."*

- El aceite es símbolo del Espíritu Santo. Hechos 1:8 dice: *"Pero recibiréis poder cuando el Espíritu Santo venga sobre vosotros; y me seréis testigos en Jerusalén, en toda Judea y Samaria, y hasta los confines de la tierra."*

"Florecerá como la palmera y crecerá como el cedro del Líbano":
- La palmera es muy alta—hasta casi 30 metros. Puede vivir más de 100 años y sus hojas siempre están verdes. A los 60–80 años puede producir más de 100 kilos de dátiles al año. Vive en el desierto y se adapta al clima, pero tiene raíces profundas—más de 5 metros de profundidad y hasta 18 metros de radio.

- El cedro del Líbano es fuerte y de buena calidad, pero crece lentamente. Es el árbol nacional del Líbano y símbolo de felicidad y prosperidad; se caracteriza por su densidad y durabilidad. Salomón los usó en la construcción del templo.

Los justos están "plantados en la casa del Señor":
- Florecen en los atrios, lugar donde se ofrecían sacrificios por el pecado.

- "Aun en la vejez darán fruto; estarán vigorosos y verdes." Esta promesa es de fruto, vigor y vida abundante con propósito, una vida productiva hasta el final. En lugar de ansiedad o depresión, los justos estarán firmes, robustos y saludables, regados y fertilizados por la Palabra de Dios. Su propósito es "anunciar que el Señor es justo; Él es mi roca, y no hay injusticia en Él."

EN RESUMEN:
Dios, el Altísimo, es justo. Nos ama, y si recibimos la salvación de Jesucristo, Él nos justifica por la fe. Nos da fortaleza por medio de Su Espíritu Santo, quien nos capacita para dar fruto en medio de cualquier situación

difícil. Aun en la vejez, estamos llamados a dar fruto, ser bendición y ser bendecidos. Por todo esto, el Señor es digno de toda alabanza y de darle gracias continuamente. **AMÉN**

Para Meditación y Compartir en Grupo
Salmo 92 y el devocional anterior:

1. Según el devocional, ¿cómo provee el dar gracias liberación interior y salud emocional y física?

2. En los versículos 7 y 9, ¿qué acciones se aplican a los malvados?

3. A lo largo de la Biblia, las palabras "pero Dios" o "pero tú, Dios" identifican un contraste. Busca ejemplos de esto.

4. El versículo 10 dice: "He sido ungido con aceite fresco." Lee el Salmo 45:7 y señala las similitudes entre estos dos pasajes.

5. En el salmo hay verbos asociados con plantar: plantado, brotar, crecer, florecer, dar fruto. ¿Cómo se aplican estas palabras a nuestra vida en el Señor?

6. El salmista recomienda "anunciar por la mañana tu bondad y por la noche tu fidelidad". ¿Por qué crees que estas recomendaciones están en ese orden?

7. ¿Qué puedes hacer tú para "anunciar" por la mañana y por la noche?

Razones para Bendecir al Señor
Lee el Salmo 103

En su vejez, el autor de este salmo, el valiente guerrero y cantor de Israel, nos aconseja cómo manejar nuestra alma. El alma es nuestra persona interior, compuesta por nuestros pensamientos, emociones y voluntad. Cuando venimos a Cristo y somos salvos—recibiéndolo como Salvador y Señor—nuestras almas necesitan ser recalibradas. Deben ser guiadas por la Palabra de Dios en lugar de por circunstancias negativas, pensamientos o emociones.

¿Quién es el Señor y qué ha hecho por nosotros?

David dice: "Bendice, alma mía, al Señor, y bendiga todo mi ser su santo nombre... y no olvides ninguno de sus beneficios..." Está hablando en primera persona singular, y se está motivando a sí mismo a ver el carácter del Señor y lo que Él ha hecho, para bendecirlo con palabras y alabanza.

Primero, se dice a sí mismo que bendiga el nombre del Señor. Luego menciona cinco beneficios que vienen de esto. El primero es el perdón de todas mis iniquidades, y el segundo, la sanidad de todas mis enfermedades.

En Isaías 53:4 vemos al Cordero de Dios, el Mesías que fue herido por nuestros pecados; el castigo de nuestra paz fue sobre Él, y por sus llagas fuimos sanados. Éxodo 15:26 dice: "Si oyeres atentamente la voz del Señor tu Dios, e hicieres lo recto... ninguna enfermedad de las que envié a los egipcios te enviaré a ti; porque yo soy el Señor tu sanador". Debemos oír estas palabras con fe, creerlas y confesarlas con nuestra boca.

Otro beneficio es que Él rescata mi vida del hoyo. Me compró con la sangre preciosa de Cristo y ese rescate, o redención, se completará el día de la resurrección.

Otros beneficios ocurren aquí en nuestra carrera terrenal. Él te corona de amor fiel y misericordia, satisface tus años con bienes, renovando tus fuerzas y visión como sucede con el águila, para cumplir tus objetivos y metas en la vida.

EL CARÁCTER DEL SEÑOR ES DIGNO DE ALABANZA

El Señor es justo, y dio sus mandamientos para el bien de su pueblo. En el pacto a través de su Hijo, Jesucristo, ha mostrado una misericordia sublime. "Porque como la altura de los cielos sobre la tierra, engrandeció su misericordia sobre los que le temen." *"Por gracia sois salvos por medio de la fe; y esto no de vosotros, pues es don de Dios"* (Efesios 2:8).

Él olvida nuestros pecados cuando los confesamos y nos apartamos de ellos; "cuanto está lejos el oriente del occidente, hizo alejar de nosotros nuestras rebeliones". También muestra compasión a los que le temen "como el padre se compadece de los hijos". Él conoce nuestra condición vulnerable: el hombre se marchita como la hierba y la flor, en contraste con la eternidad del Señor y su misericordia.

Ha establecido su reino, y estamos en una era para ver pronto la venida del Rey y Señor. La invitación del salmista a bendecir al Señor se dirige a "sus ángeles, poderosos en fortaleza que ejecutan su palabra", a su creación y a mi alma.

EN RESUMEN

Debemos guardar nuestros pensamientos, sentimientos y voluntad, y bendecir y alabar al Señor por quién es y por lo que ha hecho. Debemos personalizar esta alabanza, darle gracias con fe, recibir las bendiciones de Dios y confiar en Él y en Su palabra.

Hay muchas razones para alabar a Dios que es bueno recordar: Su obra de salvación en la cruz del Calvario, Su perdón de nuestras iniquidades y Su sanidad de nuestras enfermedades del alma y del cuerpo, Su redención y Su constante derramar de favores y misericordias, Su cumplimiento de nuestros deseos, y Su renovación de nuestras fuerzas y visión, como lo hace con las águilas.

También sabemos que Él es justo, que es un Padre que nos ama; que es misericordioso. ¡Debemos amarlo, confiar en Él, honrarlo, servirle y ¡BENDECIRLO!

1. Según las partes del salmo descritas en los versículos 1-5, ¿cuál es el motivo de Dios para hacer lo que hace?

2. Compara las acciones mencionadas en los versículos 1-5 con lo que hace el padre en la parábola de Lucas 15:20-24, 32.

3. Alguien dijo que:

    *   la gracia es lo que se da a quien no lo merece,
    *   la misericordia es lo que no se da a quien sí lo merece, y
    *   la justicia es dar lo que se merece.

    ¿Qué versículo o frase de este salmo describe la gracia y la misericordia?

4. Según los versículos 11, 13, 17-18, ¿qué tipo de persona recibe ciertos beneficios?

5. En relación con la compasión, ¿en el salmo con quién se compara a Dios?

6. Recuerda y describe experiencias en las que recibiste misericordia.

7. ¿Qué tiene que ver el versículo 19 con la parte anterior del salmo?

8. Escribe un "salmo" en el que bendigas al Señor. Asegúrate de personalizar tu alabanza ("yo", o "mí").

Dar Gracias por lo que Recibes del Señor
Lee Salmo 118:1-15

Todos necesitamos apreciar lo que tenemos en lugar de quejarnos por lo que no tenemos para ser más felices. Cuando somos agradecidos, no solo valoramos a quien nos da diferentes cosas, sino que también valoramos más lo que tenemos, especialmente lo que viene del Señor. Esdras 3:10-12 dice:

"Cuando los constructores echaron los cimientos del templo del Señor, los sacerdotes, vestidos con sus vestiduras, se pusieron de pie con trompetas, y los levitas, hijos de Asaf, con címbalos, para alabar al Señor según las instrucciones del rey David de Israel. Y cantaban aclamando y dando gracias al Señor: 'Porque Él es bueno, porque para siempre es su misericordia sobre Israel.' Y todo el pueblo aclamaba con gran júbilo mientras alababan al Señor, porque se habían echado los cimientos de la casa del Señor... Pero muchos de los sacerdotes y levitas y jefes de casas paternas, ancianos que habían visto la primera casa, lloraban en alta voz al ver los cimientos de esta casa ser colocados, aunque muchos daban voces de alegría."

Cuando los judíos regresaron del exilio, lo primero que hicieron fue construir un templo y un altar al Señor. Celebraron la Fiesta de los Tabernáculos, recordando los años que viajaron por el desierto con sus tiendas, protegidos y confiando solo en el Dios de Israel. Cuando fueron agradecidos y alabaron a Dios, fueron felices al reconocer la bondad y el gran amor del Dios eterno que les permitió regresar a Su presencia.

Se cree que el Salmo 118 fue escrito por el rey David y cantado en Esdras 3:10-12. También se cree que Jesús cantó este salmo al final de la fiesta de la Pascua. Este salmo nos enseña que la naturaleza del Señor es buena, y que Su amor es eterno. Afirma nuestra necesidad de refugiarnos o confiar solo en el Señor, quien es el único Salvador. El salmo también describe las ventajas de usar Su santo nombre y gozarnos en Él, de conocer la puerta de la justicia y Su salvación, así como de decidir experimentar Su salvación solo por fe en Él.

Razones para dar gracias al Señor:

Alabar al Señor también significa darle gracias y reconocer quién es: Él es bueno, y Su misericordia y amor son eternos. Nuestra gratitud debe ser continua por lo que Él es y por lo que ha hecho por nosotros al venir a salvarnos, y por Sus promesas en Su Palabra. El estilo de poesía hebrea usado en este salmo consiste en la repetición, lo cual da énfasis a la descripción y permite al lector ver las cosas desde diferentes ángulos.

Testificando desde su experiencia personal, el salmista dice que, en su angustia o necesidad urgente, oró profundamente o hizo una invocación. Dios le respondió y lo libró; lo colocó en un lugar espacioso. La salvación incluye liberación y preservación.

Hebreos 13:5-6 dice que el Señor está a nuestro favor y con quienes nos ayudan:

"Mantengan su vida libre del amor al dinero y conténtense con lo que tienen, porque él ha dicho: 'Nunca te dejaré ni te abandonaré.' Así que podemos decir con confianza: 'El Señor es mi ayudador; no temeré; ¿qué puede hacerme el hombre?'"

Él coloca a nuestros enemigos como estrado de Sus pies.

Él es el mejor refugio.

Es mucho mejor confiar en Dios y refugiarse en Él que confiar en el hombre o en cualquier mortal, por importante que sea. El Señor es refugio aquí y en la eternidad.

Su Nombre es victoria en cualquier conflicto. Las naciones rodearon al rey David para destruirlo, y él dijo que se sintió como atacado por abejas. Pero, aunque haya conflicto a nuestro alrededor, en el nombre de Jesús seremos victoriosos.

La alegría es el resultado de nuestra salvación. El Señor es mi fuerza y mi cántico. "Voz de júbilo y de salvación hay en las tiendas de los justos." Nehemías 8:10 dice: *"No os entristezcáis, porque la alegría del SEÑOR es vuestra fortaleza."*

La justificación significa declarar justo a un pecador por los méritos de otro. Romanos 5:1 dice: *"Justificados, pues, por la fe, tenemos paz para con Dios por medio de nuestro Señor Jesucristo."*

La propiciación se refiere al hecho de que Dios está completamente satisfecho con lo que Cristo hizo por nosotros en la cruz, pagando por nuestros pecados y transgresiones.

La salvación es liberación, preservación y rescate completo.

EN RESUMEN:

Cuando reconocemos quién es Dios para nosotros, que ha sido y es bueno, y que Su amor y misericordia son eternos, lo único que podemos hacer es darle gracias, confiar en Él y alabarle. No importa cuál sea nuestra necesidad, debemos pedirle desde el corazón y confiar en la obra de Jesucristo en la cruz por nosotros. Cuando recibimos Su justificación, también recibimos gozo y fortaleza de Su presencia. Es mucho mejor refugiarse y confiar en Dios nuestro Salvador que en cualquier hombre, por importante que sea. Dios es el único que nos ama con amor eterno y nos muestra misericordia en todas nuestras necesidades, especialmente en nuestra vida espiritual. Y a Sus hijos nos ha dado Su nombre, el nombre de Jesucristo, que trae victoria, salud y salvación en cualquier necesidad.

PARA MEDITACIÓN Y DIÁLOGO EN GRUPO
Salmo 118:1-15 y el devocional

1. Las primeras palabras de este salmo se encuentran en muchos pasajes de

    la Biblia: "El Señor es _______, y su _________________________________

    __________ ____________________________"

    Salmo 106:9

    Salmo 107:1 (y compárese con los versículos repetidos)

    Salmo 136 (¡en cada versículo!)

    1 Crónicas 16:31–36, 41

    2 Crónicas 5:(1, 5) 13–14

    Jeremías 33:11

2. En el versículo 7: "El Señor está por mí... ¿Quién _________________
    _______________________?"
    Haz una lista de personas que han estado "entre los que me ayudan".

3. Lee el versículo 8. ¿De qué maneras confía la gente en el hombre?

4. ¿De qué maneras la gente confía en personas con autoridad, altos cargos, políticos, entre otros (para conseguir algo)?

5. Lee el versículo 13: "Pero el Señor..."

    Recuerda a Sansón (Jueces 16:23-30). ¿En qué ocasión famosa usó él el nombre del Señor?

6. El pueblo y la nación de Israel han experimentado lo que el salmista expresa en el versículo 10a, por ejemplo:

7. ¿Cómo has experimentado tú lo que dice el versículo 14?

8. Escoge algunos versículos del Salmo 118:1-15 que te animen y te den gozo. Cópialos y repítelos.

No sabemos exactamente lo que vendrá —solo podemos suponerlo— pero tenemos confianza porque vamos con el Señor, quien conoce la puerta, el camino y el final del camino. Cada comienzo es una oportunidad para mejorar tomando buenas decisiones. El inicio de cada año es una oportunidad para sembrar con sueños y visiones basados en las promesas y el amor de Dios, y para cosechar al final del año.

Jeremías 29:11 dice: *"Porque yo sé los planes que tengo para ustedes —declara el Señor— planes de bienestar y no de mal, para darles un futuro y una esperanza."* Isaías 41:10 dice: *"No temas, porque yo estoy contigo; no te desalientes, porque yo soy tu Dios; te fortaleceré, te ayudaré, te sostendré con mi diestra justa."*

Al comenzar cada año, tenemos una oportunidad para prepararnos y poner las cosas en orden: por ejemplo, depurar nuestros teléfonos y computadoras de lo que no es útil, limpiar nuestras almas de pensamientos y sentimientos negativos del pasado, sustituirlos por la Palabra de Dios y comenzar a construir nuevos hábitos.

El mismo Señor es el motivo de nuestra seguridad y felicidad. Él es nuestra salvación y nos corrige y mejora en todo; nos muestra la puerta y el camino correcto; nos instruye en cómo construir nuestras vidas usando los fundamentos y materiales adecuados, cómo tener éxito aquí y en la eternidad.

Comencemos y terminemos con una actitud de gratitud, reconocimiento y alabanza al Dios bueno lleno de amor eterno hacia nosotros. Esto es lo que el rey David nos enseña en la segunda parte del Salmo 118.

Una relación personal con el Señor

Fuimos creados y redimidos para tener comunión con el Señor, quien nos fortalece y nos da gozo y felicidad. Él nos muestra su poder extraordinario y su victoria en medio de cualquier necesidad.

> *"El SEÑOR es mi fortaleza y mi canción, y ha sido salvación para mí. Voz de júbilo y de salvación hay en las tiendas de los justos; la diestra del SEÑOR hace proezas. La diestra del SEÑOR es exaltada; la diestra del SEÑOR hace proezas."* (de los versículos 14–16).

Con su poder, con su diestra, tenemos la victoria.

La Fiesta de los Tabernáculos conmemora las viviendas temporales y portátiles en el desierto, en las que vivieron los israelitas durante cuarenta años tras ser liberados de la esclavitud en Egipto. Se llama *"Sukot"* en hebreo y se celebra durante la cosecha. Dura siete días, generalmente en septiembre u octubre, y se caracteriza por su gozo exuberante. En nuestras vidas, el Señor está con nosotros, incluso en tiempos de corrección, que no son para destrucción sino para mejora.

Rechazo o aceptación

La única puerta de salvación es Jesús, y el único camino hacia la victoria es Jesús, quien nos justifica y preserva, escucha nuestras oraciones y las responde. Cuando pasamos por esa puerta, debemos construir una base adecuada usando los materiales correctos. "La piedra que desecharon los edificadores ha venido a ser la *piedra* principal del ángulo. Obra del SEÑOR es esto; admirable a nuestros ojos."

Los líderes religiosos rechazaron a Jesús, su enseñanza y su obra, por orgullo, celo religioso y falta de fe. Rechazaron al Señor por su origen galileo (Juan 7:52), por su falta de "educación religiosa formal" (Juan 7:15), por no seguir sus tradiciones (Lucas 6:2) y por escoger como amigos a pecadores y publicanos (Mateo 9:11). Pero el Señor se da a conocer por revelación a quienes se humillan, se arrepienten y creen en Él.

"Pero a todos los que le recibieron, a los que creen en su nombre, les dio el derecho de ser hijos de Dios" (Juan 1:12). La invitación es: "Vengan a mí todos los que están cansados y cargados, y yo les daré descanso..." (Mateo 11:28). *"Para que en el nombre de Jesús se doble toda rodilla en los cielos, en*

la tierra y debajo de la tierra" (Filipenses 2:10).

A los que lo reciben, Dios les da gozo y felicidad continua. Cuando Jesús entró en Jerusalén, los jóvenes exclamaron: "¡Hosanna al Hijo de David! ¡Bendito el que viene en el nombre del Señor!". El salmo dice: "Este es el día que hizo el Señor; nos gozaremos y alegraremos en él. ¡Sálvanos ahora, te rogamos, oh Señor! ¡Bendito el que viene en el nombre del Señor! Desde la casa del Señor los bendecimos." Todos los que invoquen el nombre del Señor serán salvos: salvación completa, liberación completa, preservación bendita y prosperidad.

EN RESUMEN:

El Señor es el único Dios; nos ha dado la luz de su Palabra para guiar nuestro camino. Debemos apropiarnos de esa verdad, recibiéndola con fe, gratitud y alabanza. El salmo termina del mismo modo en que comienza: dando gracias al Señor porque Él es bueno y porque su misericordia es para siempre.

(Traducción del dibujo: "PIENSA EN GRANDE. EMPIEZA CON POCO.EMPIEZA AHORA")

PARA MEDITACIÓN Y COMPARTIR EN GRUPO
Salmo 118:16-29 y el devocional anterior:

1. ¿Alguna vez has estado rodeado, literal o espiritualmente, y pudiste reprender esas fuerzas en el nombre del Señor?

2. ¿Qué advertencia le dio David a Goliat antes de lanzar la piedra? (Ver 1 Samuel 17).

3. Describe un momento en que quedaste impresionado por lo que alguien te dijo sobre "las obras del Señor".

4. Recuerda momentos en los que el Señor respondió o te sorprendió, y fue evidente que "esto es obra del Señor, admirable a nuestros ojos" (versículo 23).

5. Según este salmo, enumera los roles que se cumplieron en Jesús:
    *   Versículo 22

    *   Versículos 25-26:

6. ¿En qué consiste la salvación del Señor? ¿Cómo lo has visto en tu propia vida?

El Señor es tu Guardián
Lee el Salmo 121

El Salmo 121 está escrito en el contexto de los israelitas caminando en su peregrinaje hacia Jerusalén, que está en una colina, y en el camino hay peligros. Todos estamos en un peregrinaje en esta vida temporal y nos dirigimos hacia la eternidad. En este camino necesitamos seguridad, y muchas veces ayuda y asistencia en medio de diversas dificultades. Estas dificultades o circunstancias pueden ser espirituales o materiales, y pueden estar dentro o fuera de nosotros; por lo tanto, necesitamos continuamente ayuda y protección. Necesitamos levantar nuestros ojos hacia la solución, y Dios, nuestro Salvador, Señor y protector, siempre tiene la mejor solución.

El salmista dice en primera persona: "Alzaré mis ojos a los montes; ¿de dónde vendrá mi socorro? Mi socorro viene del Señor, que hizo los cielos y la tierra."

Nuestro enfoque debe estar en la solución, no en el problema. Debemos mirar hacia lo alto, no a los montes, la creación, las criaturas o cualquier otra fuente de respuesta. No en cualquier lugar, sino en el Señor, quien es el único Señor y Salvador. Hebreos 12:2 dice: *"Puestos los ojos en Jesús, el autor y consumador de la fe."*

El salmista se pregunta: "¿De dónde vendrá mi socorro?" Debe venir del Señor y Creador. Hebreos 4:16 dice: *"Acerquémonos, pues, confiadamente al trono de la gracia, para alcanzar misericordia y hallar gracia para el oportuno socorro."* Esto se dice en el contexto de la obra de Jesús por nosotros en la cruz. Jeremías 33:3 dice: *"Clama a mí, y yo te responderé…"*

El salmista habla (en segunda persona) acerca de la naturaleza y las características del Señor como Guardián y Protector, tal como lo fue para Israel en su travesía por el desierto, la cual es recordada y celebrada en la Fiesta de los Tabernáculos, o Sucot.

Dios es tu guardián, en hebreo *shomér*: guardián, el que cuida algo valioso. No permitirá que tu pie resbale. No se dormirá. El camino de la vida tiene sus riesgos, y para evitar caer, necesitamos protección y ayuda. Judas 24 dice: *"Aquel que es poderoso para guardarlos sin caída y presentaros sin mancha delante de su gloria con gran alegría…"*

Adonai, mi Señor, quien nos guarda, nunca se cansa ni duerme; Él nos cuida, lo ve todo, lo sabe todo, nos ama y tiene promesas para nosotros. Debemos involucrar al Señor en todos los aspectos de nuestras vidas, en todo lugar, tiempo y circunstancia.

"El Señor es tu sombra a tu mano derecha." Esta mano representa poder, y la sombra es la protección del Señor en todo lugar, incluso cuando a veces no la vemos. El sol con su calor durante el día no nos afectará. Como Israel en el desierto, necesitamos la nube de día y la columna de fuego de noche para disipar el miedo y el frío.

"Te guardará de todo mal." Guardará todo tu ser (3 Juan 2 y 1 Tesalonicenses 5:23). Éxodo 12:13 dice: "Cuando vea la sangre, pasaré de largo sobre vosotros (os guardaré)." Romanos 8:38-39 dice que nada *"nos podrá separar del amor de Dios que es en Cristo Jesús, Señor nuestro."* Jesús dijo en Juan 10:10: *"Yo he venido para que tengan vida, y para que la tengan en abundancia."*

"El Señor guardará tu salida y tu entrada desde ahora y para siempre," desde tu casa, tu trabajo, tus actividades, viajes, proyectos y en todo lugar en la peregrinación de la vida, desde la juventud y la madurez hasta la eternidad.

EN RESUMEN:

Filipenses 4:6 dice: "Por nada estéis afanosos, sino sean conocidas vuestras peticiones delante de Dios en toda oración y ruego, con acción de gracias." Sería bueno evaluarnos y preguntarnos, con los ojos en alto: "¿De dónde viene mi socorro?" ¿Viene del Señor Creador? Solo el Señor Dios, por medio de Jesucristo, puede ayudarnos y protegernos; Él es el Creador y Salvador.

Veamos y aceptemos al verdadero guardián de nuestras almas; creamos y confiemos en Él. AMÉN

PARA MEDITACIÓN Y COMPARTIR EN GRUPO
Salmo 121 y el devocional anterior

1. A lo largo de la historia de la humanidad, en distintas culturas (incluyendo Israel) era común practicar idolatría en las colinas. Dios advirtió constantemente a Israel que no hiciera esto (2 Reyes 14:3-4). No se quitaron los ídolos y el pueblo ofrecía sacrificios y quemaba incienso en los lugares altos. Hoy en día, ¿en qué cosas, personas o lugares buscan alivio y tranquilidad las personas que no buscan a Dios? Lee el Salmo 115 y comenta.

2. Lee el versículo 3. Imagina a un guardia que se queda dormido; ¿qué le puede pasar fácilmente a la persona o al lugar bajo su responsabilidad?

3. Lee el Salmo 66:7 y 9: *"Sus ojos observan a las naciones… Él ha conservado con vida nuestra alma, y no ha permitido que resbalen nuestros pies."* Compara este pasaje con el versículo 3 y escribe tus pensamientos.

4.	Pensando en posibles peligros al andar a pie o en vehículo, en tentaciones o en la confusión que traen las ideologías, ¿cómo puedes expresar lo que el Señor hace y quién es para ti?

5.	Inspirado en este salmo y con base en lo que el Señor ha hecho, escribe a otra persona contándole lo que Él hará por él o ella.

Lee el Salmo 127

El Salmo 127 es el consejo de Dios y Su Palabra para impactar positivamente el futuro de los hijos y la sociedad.

En nuestras vidas, la edificación es esencial, no solo en lo físico, sino también en lo espiritual y eterno. Esto depende en gran medida de nuestro desarrollo en la infancia, como vemos en este salmo. El hogar es un lugar donde se forman las vidas para el futuro. En Su Palabra, Dios propone que lo dejemos ser el Constructor, para obtener buenos resultados en nuestros hogares y familias. La vida, la familia y los hijos están en el hogar solo temporalmente. Los hijos son un regalo de Dios. Mientras estén bajo nuestro cuidado, debemos influenciarlos y enviarlos hacia el futuro como flechas, para que den buen fruto que permanezca tanto aquí como en la eternidad.

EDIFICAR Y GUARDAR

Estas dos funciones son muy importantes; si Dios no las hace, se trabajan en vano. Edificar hogares y familias con principios y valores de amor y justicia, y mantener a Dios en primer lugar, nos dará un mejor futuro. Mateo

6:33 dice: *"Buscad primeramente el reino de Dios y su justicia, y todas estas cosas os serán añadidas"*.

Edificar es cultivar con propósitos y metas. Para conservar lo edificado, debemos defenderlo y guardarlo constantemente. En Génesis 2:15, Dios dio a Adán responsabilidades en el jardín del Edén: cultivarlo y guardarlo. Estas actividades se realizaban en una atmósfera llena de la presencia de Dios, con deleite y placer (que es el significado de "Edén"). En Nehemías 4:17, vemos que, durante la reconstrucción del muro de Jerusalén, los hombres llevaban una carga en la espalda, con una mano trabajaban y con la otra sostenían un arma para defenderse de los enemigos. Para restaurar nuestros hogares con Dios y Su Palabra, debemos dedicar tiempo a instruir y discipular a nuestros hijos. En el hebreo, las palabras "trabajo", "servicio" y "adoración" tienen la misma raíz.

LOS HIJOS SON UN REGALO DE DIOS

El trabajo arduo es muy importante para sobrevivir, pero también lo es descansar diariamente, confiando en el Señor que nos da todo. Él nos da trabajo, paz, amor y provisión. Debemos dedicar tiempo a estar con nuestros hijos y proporcionarles instrucción bíblica a su nivel. Debemos reconocer que Dios nos da hijos como un regalo, no solo para cuidarlos, sino también para prepararlos para el futuro. Los hijos están en el hogar (la aljaba) temporalmente. Durante ese tiempo, debemos prepararlos con amor, valor y propósito, y lanzarlos a la vida usando las herramientas que Dios nos ha dado mientras tenemos comunión con Él y con Su Palabra. Esto los prepara para cualquier situación futura.

En Mateo 7:24, Jesús dice: *"Cualquiera, pues, que me oye estas palabras, y las hace, le compararé a un hombre prudente que edificó su casa sobre la roca; y descendió lluvia, y vinieron ríos, y soplaron vientos, y golpearon contra aquella casa; y no cayó, porque estaba fundada sobre la roca"*.

LOS HIJOS DEBEN SER PREPARADOS CON PROPÓSITO:

Para tener éxito en la vida, basado en valores eternos y con amor, los hijos deben ser orientados e instruidos en la Palabra de Dios, lanzados como flechas, con valor, para alcanzar un blanco en la vida. Deben ser preparados para alcanzar estabilidad espiritual y emocional en todo, según sus aptitudes, talentos y dones de Dios. En lugar de causar vergüenza, serán motivo de orgullo para los padres y contribuirán a mejorar la sociedad.

EN RESUMEN:

Nuestros hijos son un regalo de Dios y a través de ellos se nos da la oportunidad de edificar vidas. Debemos invitar a Dios, por medio de Jesucristo, el único mediador entre Dios y los hombres, a formar parte de este proceso. Debemos decidir estudiar la Palabra de Díos y aplicarla como herramienta principal con el propósito definido de mejorar el futuro de nuestros hijos.

Para Meditación y Compartir en Grupo

Salmo 127 y el devocional anterior

Según una nota en el subtítulo, este salmo es del hijo de David, Salomón. No se nos dice en qué etapa de su vida lo escribió, pero fue escrito por inspiración del Espíritu Santo.

1. ¿Cómo reescribirías el versículo 1 en forma afirmativa en lugar de negativa?

2. ¿Qué dice el salmista que es "en vano" en el versículo 2?

3. ¿Está mal levantarse temprano y acostarse tarde?

4. La palabra "afán" lo cambia todo. La preocupación, la ansiedad y el miedo al mañana demuestran falta de fe en Dios. Es importante tomarse el tiempo suficiente para descansar bien por la noche. Jesús habló claramente sobre esto en Mateo 6. ¿Qué tipo de atmósfera se crea en el hogar y en la familia cuando hay preocupación, falta de sueño y no hay fe en el Señor, y qué enseña eso a los hijos?

5. En el versículo 1, al leer las palabras "casa" y "ciudad", piensa en personas. Según este versículo, ¿a quién necesitamos al edificar nuestros hogares y sociedades, y por qué?

6. En el versículo 5, se menciona "la puerta" de la ciudad, donde las autoridades y líderes hablaban y tomaban decisiones importantes. Según este versículo, también podría ser un lugar para hablar con enemigos. ¿Qué tipo de cosas podría decir un enemigo que avergüencen a los padres?

7. ¿Quiénes o qué son los enemigos de nuestros hijos?

8. Si el Señor ha sido el Consejero y Guardián de los padres, ¿qué pasará con sus enemigos?

Desde el Vientre de Mi Madre Me Has Tomado en Cuenta
Lee el Salmo 139

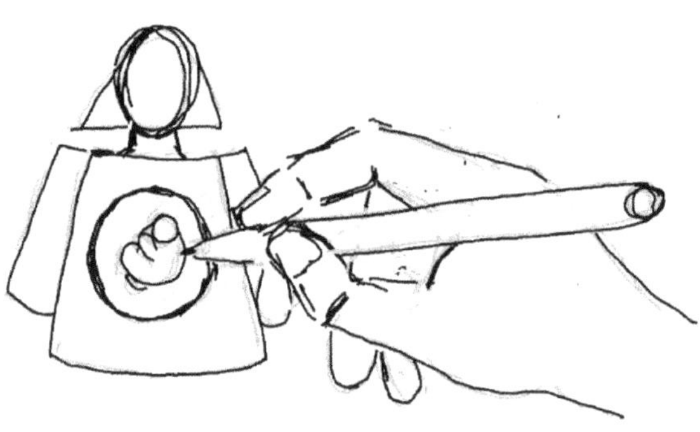

En este salmo, David, de una manera muy personal, se refiere a la grandeza del Dios creador: omnisciente, omnipresente, omnipotente. Él no solo conoce todas las cosas profundamente, sino que también nos conoce y se interesa mucho por nosotros individualmente. Tiene un diseño para cada vida, un plan y un propósito desde antes del nacimiento; desde la concepción y a lo largo de toda nuestra vida. Pero también es un Dios santo que aborrece el mal. Debemos estar de Su lado y odiar el pecado, pero amar al pecador. También debemos pedirle a Dios que nos examine y nos muestre nuestros pecados, y debemos dejar que Él nos guíe y nos perdone por medio de Jesucristo, quien murió por nosotros.

Dios me conoce y me protege

David, en este salmo, nos habla de un Dios personal y amoroso diciendo que el Señor nos ha examinado y nos ha conocido. Ante Él somos como una ventana transparente. Conoce nuestros pensamientos antes de que los expresemos, y sabe cuándo nos levantamos y cuándo descansamos. Para bendecirnos, nos ama y nos protege constantemente como si hubiera una guardia a nuestro alrededor.

Cuando David fue ungido como rey frente a sus hermanos, Dios vio su interior.

ÉL ESTÁ EN TODAS PARTES

Dios, el Espíritu Santo, está en todos los lugares, en el cielo y en la tierra, incluso en el *Seol*, como juez y dueño. No podemos escapar de Su presencia. Él está en todas partes, incluso en el lugar más oscuro, y no podemos ocultarle nada. "Si confesamos nuestros pecados, Él es fiel y justo para perdonar nuestros pecados y limpiarnos de toda maldad" (1 Juan 1:9).

NUESTRO CUERPO

Nuestros cuerpos son formados por Dios desde la concepción hasta el nacimiento, y Él tiene un diseño, un plan y un propósito para la vida; somos formados en lo profundo del vientre y maravillosamente hechos, por ejemplo, los músculos, venas, arterias y nervios, y todo lo demás. David dice: "Mi alma lo sabe muy bien", reconociendo con plena certeza que Dios nos ha formado, incluso desde la embriogénesis.

Dios le dice al profeta Jeremías (1:5): *Antes que te formara en el vientre te conocí, y antes que nacieras te consagré; te puse por profeta a las naciones.* Dios tiene un plan definido y un propósito para cada uno desde el principio, incluso antes de ser formados en el vientre. Nos ama desde nuestro principio y ahora, y por esta razón dio a Su Hijo en la cruz para que cada uno pudiera tener vida eterna creyendo en Él.

Si nuestros cuerpos físicos son tan importantes para Dios y Su propósito en esta vida, aún más importante es nuestro destino eterno después de esta vida. Debemos respetar nuestros cuerpos y defenderlos desde el inicio de su formación, y administrarlos bien durante la vida.

LOS IMPÍOS ANTE DIOS

Al ver las innumerables maravillas de Dios al formarnos desde el principio, y Sus pensamientos, propósitos y planes para nosotros, debemos recibir Su plan para nuestras vidas y bendecir Su santo nombre. El mismo Dios llama malvados e impíos, a quienes rechazan Su amor y Su plan. Merecen muerte espiritual y condenación por oponerse y rebelarse contra Su bondad. Juan 3:18 dice: *El que cree en Él no es condenado; pero el que no cree, ya ha sido condenado porque no ha creído en el nombre del unigénito Hijo de Dios.*

EN RESUMEN

Oremos con David: "Examíname, oh Dios, y conoce mi corazón; pruébame y conoce mis pensamientos. Y ve si hay en mí camino de perversidad, y guíame en el camino eterno."

"Acerquémonos, pues, confiadamente al trono de la gracia, para alcanzar misericordia y hallar gracia para el oportuno socorro" (Hebreos 4:16), AMÉN.

Para meditación y compartir en grupo
Salmo 139 y la devocional anterior:

1. Haz un dibujo que represente lo que dice el versículo 5, y dibújate como eres hoy.

2. En el versículo 7, David habla sobre el Espíritu de Dios. Lee 1 Samuel 16:13 y el Salmo 51:7-11 y describe la relación entre el Espíritu y David.

3. Lee el versículo 9 en la paráfrasis en español moderno. Para David, ¿qué mar quedaba al occidente?

4. ¿Cómo respondes al meditar en los versículos 13-16, sabiendo que Dios te formó desde la concepción?

5. Expresa una alabanza a Dios por la forma en que te formó.

6. Entre los versículos 22 y 23, parece que David reflexionó sobre su actitud hacia los malvados, perversos y "hombres sanguinarios". De repente se detiene y le pide a Dios que examine su corazón. Comenta sobre esto.

7. Elige un versículo entre los versículos 1-6 para copiar y memorizar.

«Venid luego, y razonemos», dice el Señor
Lee Isaías 1

Isaías es el libro más largo de los profetas mayores en el Antiguo Testamento, y es también el libro más mencionado en el Nuevo Testamento, especialmente en los evangelios. Es un libro profético que contiene poesía, y que nos anima y fortalece con sus recursos de fe y esperanza, ofreciendo sanidad interior y física.

El profeta Isaías profetizó entre los años 745 y 695 a.C., durante los reinados de Jotam, Acaz y Ezequías. Isaías era primo del rey Uzías y estaba informado de la política y los problemas de su tiempo.

En esa época, Israel estaba dividido en dos reinos: el reino del sur, formado por Judá y Benjamín, con capital en Jerusalén; y el reino del norte, formado por las demás tribus, con capital en Samaria. El reino del norte había sido recientemente conquistado por Asiria, debido a su desobediencia al Señor y por haber abandonado Sus mandamientos. Isaías ahora profetiza y advierte a Judá y Jerusalén que no caigan en la misma trampa.

El mensaje está dirigido a una sociedad corrupta, separada de los valores divinos, aunque conservaban la religión y la liturgia externa. El Señor les muestra su pecado y les propone el arrepentimiento para limpiarlos y restaurarlos.

Acusaciones contra Judá y Jerusalén:
Isaías menciona inicialmente a los testigos, el cielo y la tierra, que en Deuteronomio 30:19 fueron testigos del comienzo de la historia de Israel.

En Judá y Jerusalén había una falta de reconocimiento del señorío de Dios y del hecho de que Él los sustentaba, a diferencia del buey y el asno que conocían a su dueño. Judá y Jerusalén no reconocieron el cuidado y la prosperidad que el Señor les había dado.

Luego, debido a la rebelión de sus corazones, cayeron en la iniquidad, siendo una generación malvada; no solo los del gobierno, sino toda la sociedad, con corrupción (abuso de poder), sobornos permitidos, idolatría e injusticia contra viudas y huérfanos. Este pecado trajo desolación a la tierra, castigo inminente y una completa enfermedad interna. Solo un remanente fiel de la ciudad y la población no había sido destruido, similar a lo que ocurrió con Sodoma y Gomorra.

Lo peor era que no reconocían su pecado ante el Señor, y continuaban con la misma religiosidad externa, con sus corazones lejos de Él, y con una abierta rebelión contra los principios espirituales santos del Señor. Isaías habla a los líderes del pueblo y los llama «príncipes de Sodoma y pueblo de Gomorra», asociándolos con los pecados degradantes de esas ciudades que fueron destruidas como ejemplo.

Su religión era intensa por fuera, con sacrificios, ofrendas, oraciones u obras buenas. Pero si sus actitudes y conducta no cambiaban, Isaías 64:6 decía que eran como trapos de inmundicia delante del Señor. «*Si el Señor no edifica la casa, en vano trabajan los que la edifican*» (Salmo 127:1). Si evaluáramos nuestra relación interna con Dios, y nuestra religión y obras, ¿cómo saldríamos en esa medida?

Última oportunidad: «Venid luego, y razonemos.»
Ellos, y todos los que tienen el mismo problema, necesitaban ser limpiados y dejar de hacer lo malo ante los ojos del Señor, aprender a hacer el bien, practicar la justicia, dejar de oprimir y defender al huérfano y a la viuda.

¿Cómo se hace esto?

Primero, se logra viniendo al Señor y apartándose de los malos caminos (esto es arrepentimiento).

«Venid ahora» es una invitación a tomar una decisión urgente, no dejarla para después. «Razonemos» es usar la mente para cambiar, arrepentirse, ser limpio; si los pecados son rojos o escarlata, las vestiduras serán blancas como la nieve y como la lana.

«*Si confesamos nuestros pecados, él es fiel y justo para perdonar nuestros pecados y limpiarnos de toda maldad*» (1 Juan 1:9).

«*Venid a mí todos los que estáis trabajados y cargados, y yo os haré descansar.*» (Mateo 11:28).

Para toda corrupción social, familiar e individual, solo hay una solución: arrepentirse y venir al Señor y recibir el perdón por medio del sacrificio de

Aquel que cargó con nuestros pecados en la cruz, el Señor Jesucristo. Luego debemos reconocerlo como Señor y entrar en un discipulado para conocerlo y ser transformados. Este es el único camino hacia la restauración individual, familiar y social. La alternativa es rechazar el amor y el perdón de Dios, lo cual traerá vacío, vergüenza y destrucción.

Hechos 2:38 dice: «*Arrepentíos, y bautícese cada uno de vosotros en el nombre de Jesucristo para perdón de los pecados, y recibiréis el don del Espíritu Santo.*»

Y Romanos 12:1-2 dice:

«*Así que, hermanos, os ruego por las misericordias de Dios que presentéis vuestros cuerpos en sacrificio vivo, santo, agradable a Dios, que es vuestro culto racional. No os conforméis a este siglo, sino transformaos por medio de la renovación de vuestro entendimiento, para que comprobéis cuál sea la buena voluntad de Dios, agradable y perfecta.*»

PARA MEDITACIÓN Y DIÁLOGO EN GRUPO
Isaías 1 y el devocional anterior

1.   ¿En general, por qué escribió este libro el profeta (según la devocional)?

2.   Enumera los grandes pecados del pueblo de Dios mencionados en Isaías 1.

3.   ¿Cuáles fueron las consecuencias?

4. ¿Crees que hoy en día hay consecuencias por ciertos pecados? Explica.

5. ¿Cuál es la peor parte de tener pecado?

6. Entonces y ahora, ¿cuáles son algunas buenas obras religiosas que por sí solas no agradan a Dios?

7. En resumen, lo que agrada a Dios es:

8. ¿Qué tenían que hacer los líderes y el pueblo?

9. ¿Qué similitudes ves con nuestros tiempos?

10. ¿Cuál es el proceso de aprendizaje en nuestro caminar con el Señor?

11. Describe las etapas, si las has tenido, de tu proceso de aprendizaje.

12. ¿Puedes identificar señales de corrupción en tu propio corazón, en tu familia o en tu entorno de amigos, trabajo u otros?

13. Después de identificar esto, ¿qué debería seguir?

14. ¿Cuál es tu oración respecto a esta meditación?

Una Visión y un Llamado de Parte de Dios
Lee Isaías 6

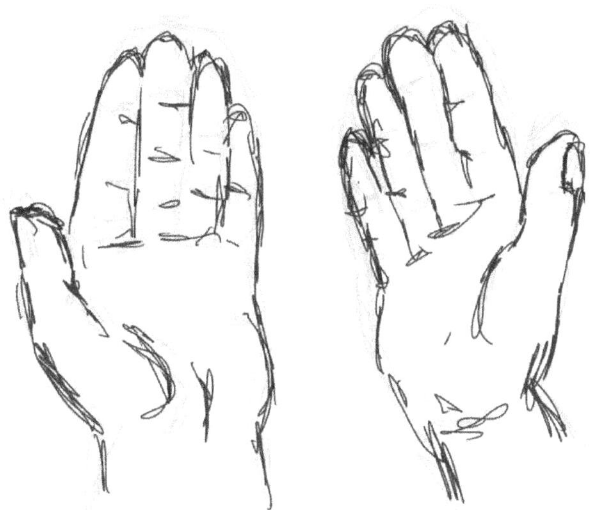

La adoración y la alabanza a Dios por conocerlo tal como Él es, nos preparan para el servicio y así poder cumplir el propósito para el cual hemos sido llamados. La adoración y la alabanza son una expresión de la grandeza y santidad del Señor, así como una vía para ser limpiados y preparados para que Él cumpla Su propósito en nuestras vidas. El capítulo 5 de Isaías describe a Dios como un viñador que plantó una viña y la cuidó para que diera uvas; pero esta dio uvas silvestres. La viña se refiere a Judá y Jerusalén.

En el año en que Isaías fue llamado a ser profeta, el rey Uzías murió. Uzías había sido un buen rey durante la mayor parte de su vida y, por su obediencia y temor al Señor, prosperó financieramente, militarmente y en todos los aspectos. Pero en su abundancia, se volvió orgulloso, y en su orgullo, quemó incienso en el templo del Señor, lo cual solo le estaba permitido al sumo sacerdote. Mientras hacía esto, fue reprendido por los sacerdotes, pero se enojó, y el Señor, en su ira, lo hirió con lepra. Uzías tuvo que ser sacado rápidamente del templo y permaneció aislado en su casa hasta su muerte.

En este contexto de ver la santidad y justicia del Señor, Isaías tuvo una visión. Dios es amor, pero también es fuego consumidor. Isaías tuvo una experiencia personal con la majestad y la santidad del Señor; fue llamado por Dios para una función específica, como se evidencia por lo que sucedió después.

El encuentro personal con Dios y Su santidad

Isaías describe su visión en primera persona. Acababa de perder a su primo, el rey Uzías, pero vio al Señor Dios sentado en Su trono, alto y sublime. Vio serafines, que son ángeles de alto rango, cumpliendo la función más elevada: alabar y adorar al Señor. Se decían el uno al otro: "Santo, santo, santo es el Señor de los ejércitos; toda la tierra está llena de su gloria."

Al percibir la gloria del Dios trino y ver a los serafines cubriéndose humildemente el rostro y los pies y sirviendo al Señor, Isaías se sintió como un pecador. Con humildad reconoció que era un pecador y dijo: " ¡Ay de mí! Porque perdido estoy, pues soy hombre de labios inmundos y en medio de un pueblo de labios inmundos habito..."

Isaías era un hombre justo, pero al percibir la majestad y la santidad de Dios, se reconoció pecador. En ese momento, uno de los serafines tomó unas tenazas y sacó un carbón encendido del altar para tocar su boca y limpiarlo de su pecado.

Ahora nosotros recibimos perdón y purificación de nuestros pecados a través de la cruz de Cristo, cuando reconocemos la grandeza y la santidad de Dios y creemos, por fe, en la obra de la cruz. Entonces nos sometemos a Su voluntad para que Él nos ubique, nos llame y nos envíe con Su propósito específico.

¿Has reconocido la majestad y el señorío de Dios? ¿Has reconocido tu necesidad de perdón y limpieza en tu corazón y en tu boca? ¿Has aceptado con fe y humildad la obra del juicio de Dios que recayó sobre Jesucristo en la cruz?

El llamado

Cuando Isaías confesó su pecado, fue perdonado y limpiado por gracia y por fe, y estuvo preparado para escuchar al Señor. "¿A quién enviaré y quién irá por nosotros?", preguntó el Dios trino. Isaías respondió, con humildad, disposición y sumisión a la voluntad del Señor: "Heme aquí, envíame a mí."

Cuando tenemos una experiencia personal de salvación y perdón de pecados por gracia mediante la fe, estamos listos para ser enviados. Dios envía voluntarios que responden a Su llamado. ¿Estarías tú dispuesto a ir?

La función específica

El mensaje específico que Isaías debía dar era de arrepentimiento a un pueblo rebelde que no entendía lo que oía, que no comprendía lo que veía, y cuyos corazones eran insensibles.

Juan 12:40-41 aplica las mismas palabras de Isaías a los fariseos que rechazaron las palabras de Cristo. Este pasaje también se refiere a Jesús, a quien Isaías vio aquí en Su trono. Debido a la falta de sensibilidad y fe, Jesús habló al pueblo en parábolas, para que recibieran la Palabra y se arrepintieran de sus pecados.

Isaías preguntó: "¿Hasta cuándo, Señor?" ¿Hasta cuándo sería el pueblo rebelde? El Señor dijo que sería hasta que el pueblo sufriera las consecuencias de la desolación y la dispersión; sin embargo, la esperanza está en el remanente que permanece como una semilla santa en un tronco cortado.

¿Estás tú entre el remanente? Si es así, debemos preparar nuestros corazones con una actitud adecuada, nuestros oídos con atención y nuestros ojos espirituales para percibir lo que dice la Palabra de Dios.

Todos necesitamos un encuentro personal con Dios, con Su santidad y Su señorío, reconociendo nuestros pecados. Como pecadores, es normal sentirnos pequeños, con necesidad de recibir perdón y limpieza por gracia mediante la fe. Es solo a través de la obra de Aquel que pagó por nosotros en la cruz, que podemos ser justificados y santificados. Una vez tengamos ese encuentro, debemos ofrecernos voluntariamente para que el Señor cumpla Su propósito en nuestras vidas. También debemos preparar nuestro corazón con disposición, así como nuestros ojos para ver y oídos para oír, para recibir y obedecer la Palabra de Dios. Como resultado, daremos fruto en la Palabra que Dios nos ha confiado, como Isaías, quien, aunque solo un remanente, recibió el mensaje en su tiempo. A través de él, casi 2,700 años después, muchos de nosotros hemos recibido el mensaje y hemos creído en la Palabra de Dios.

PARA MEDITACIÓN Y COMPARTIR EN GRUPO
Isaías 6 y el devocional anterior:

1. Describe lo que Isaías vio en una visión de parte de Dios.

2. ¿Qué diferencias hay entre la actitud del pueblo de Judá descrita en el capítulo 1 y la actitud de Isaías en el capítulo 6?

3. ¿Cómo influyó lo que Isaías vio de Dios en la forma en que se vio a sí mismo?

4. Compara la condición del pueblo al que fue enviado Isaías con la condición de muchos hoy en día.

5. Explica tus respuestas a las tres preguntas en el medio del comentario:
    *   ¿Has reconocido la majestad y el señorío de Dios?

    *   ¿Has percibido la necesidad de perdón y limpieza en tu corazón y en tu boca?

    *   ¿Has aceptado por fe y con humildad la obra del juicio de Dios que cayó sobre Jesucristo en la cruz?

6. ¿Qué debe hacerse para que "el remanente" crezca hoy?

7. ¿Qué relación has encontrado entre la limpieza interna y tu llamado?

La Humanidad y la Divinidad del Mesías
Lee Isaías 7:14 y 9:6

El nacimiento del Mesías fue una señal milagrosa, y Sus nombres nos revelan maravillosamente no solo Su carácter y función, sino también Su naturaleza divina y humana.

En el capítulo 1 del libro del profeta Isaías, vimos nuestra necesidad de saldar cuentas y evaluar nuestra relación con Dios, así como la necesidad de cambiar nuestra ruta hacia Él, y cambiar nuestra forma de pensar para ser perdonados y limpiados por Él.

En el capítulo 6 vimos al profeta Isaías en un encuentro personal con Dios el Señor, majestuoso y santo. Isaías se reconoció como pecador y fue limpiado por un carbón encendido tomado del altar. Esto lo preparó y santificó por la fe y por la gracia para cumplir con su ministerio.

El Mesías Salvador

En Isaías 7:14, la profecía es una señal con dos cumplimientos: uno en el tiempo del rey Acaz, y otro 700 años después con el nacimiento del Mesías, mencionado en Mateo 1:21. En Isaías, el profeta se refiere a una señal que es un milagro de Dios: "He aquí, una virgen concebirá y dará a luz un hijo, y le pondrá por nombre *Emmanuel*." (Dios con nosotros). No solo estaría Dios con ese hijo que nacería, sino que sería Dios mismo; y también sería hombre, nacido de una mujer, una virgen, dando a luz sobrenaturalmente.

En Mateo 1:21 vemos al ángel Gabriel apareciendo en sueños a José, quien estaba desposado con María (había tres etapas: compromiso, desposorio y matrimonio), para anunciarle que no temiera tomar a María como su esposa, porque lo que en ella había sido concebido era del Espíritu Santo.

Y en el mismo sueño, se le dio el nombre de Jesús (*Yeshúa* o *Yehoshúa* — "El Señor salva"), porque el niño que nacería "salvará a su pueblo de sus pecados".

Para José, como descendiente del rey David, fue el cumplimiento de la profecía dada al rey Acaz en Isaías 7:12. Por revelación recibió el conocimiento de la naturaleza del Mesías que nacería: divina, al ser concebido por el Espíritu Santo y por tanto sin pecado, y humana, como descendiente de David por medio de su madre María. Como humano, se identificó con la raza humana caída y con pecadores en su linaje (ver Mateo capítulo 1), comía con pecadores, llamó a pecadores como discípulos y fue crucificado entre dos pecadores.

Para conocer a Jesús como el Mesías, es necesario recibir este conocimiento por revelación.

Mateo 16:16 dice que Jesús preguntó a sus discípulos quién decía la gente que era Él; luego les preguntó: ¿Y ustedes, ¿quién dicen que soy yo? Pedro respondió: "Tú eres el Cristo, el Hijo del Dios viviente". Jesús le dijo: "Bienaventurado eres, Simón…, porque no te lo reveló carne ni sangre, sino mi Padre que está en los cielos".

Cuando Jesús nació, no todos se dieron cuenta de quién era, solo aquellos a quienes Dios se los había revelado:

- Dios mostró a los sabios del oriente una estrella que les indicó el lugar donde nació el "Rey de los judíos".

- A los pastores, un ángel les anunció el nacimiento de "un Salvador, que es Cristo el Señor", con una señal para encontrar al niño.

- El Espíritu Santo reveló a Simeón y a Ana, dos ancianos que estaban en el templo, que el niño que estaban presentando era el Mesías.

¿Has tenido tú una revelación de ese Salvador y Señor? ¿Se la has pedido a Dios?

EL MESÍAS SEÑOR

Leemos en Isaías 9:1 que para las regiones del norte del reino de Israel y cerca de Galilea, en la zona de los gentiles, hay una esperanza de salvación y de ver la luz. Esta profecía se cumplió cuando Jesús comenzó Su ministerio, como lo describe Mateo (4:13–17).

"El Señor Jesús es la luz que alumbra a todo hombre, que viene a este mundo; la luz del mundo, y el que le sigue no andará en tinieblas, sino que tendrá la luz de la vida" (Juan 1:9 y 8:12).

Los nombres del Mesías, según Isaías 9:6, son características del Mesías y nos muestran su naturaleza humana-divina como Rey y Señor:

- "Porque un niño nos es nacido, hijo nos es dado." Es un niño nacido como humano, pero dado como Hijo por Dios.

  "Porque de tal manera amó Dios al mundo, que ha dado a su Hijo unigénito, para que todo aquel que en Él cree no se pierda, mas tenga vida eterna" (Juan 3:16).

- "Y el principado sobre su hombro." Él lleva sobre sí el señorío y la majestad; es Rey de reyes y Señor de señores.

- Es *"Admirable Consejero, Dios Fuerte, Padre Eterno."* Es Dios digno de adoración y alabanza.

  Hebreos 1:8 se refiere a Él: *"Tu trono, oh Dios, por el siglo del siglo."*

- Él es el Todopoderoso; Mateo 28:18 dice: *"Toda potestad me es dada en el cielo y en la tierra; por tanto, id y haced discípulos..."*

  Al Señor Jesús se le ha dado el nombre que es sobre todo nombre (Efesios 1:21), el nombre más alto (Filipenses 2:9–11).

- Es el "Príncipe de Paz." Él ha hecho paz entre Dios y el hombre; nos justifica por la fe cuando lo recibimos por fe y lo reconocemos como Señor en nuestras vidas.

El nacimiento milagroso del Mesías fue profetizado 700 años antes por el profeta Isaías. Es una señal para todos. Su naturaleza —totalmente humana y divina— para ser nuestro perfecto Salvador y Señor, el que tomó nuestro lugar muriendo como Cordero, para liberarnos y hacernos parte de Su reino. Al resucitar, se le dio el nombre sobre todo nombre, y ahora está a la diestra del Padre intercediendo por nosotros como Sumo Sacerdote.

Él es nuestro Consejero, nuestro Poderoso Ayudador y el único que nos da verdadera paz.

¿Necesitas paz? Ven ahora al Príncipe de Paz, Jesucristo.

¿Tienes una situación que te roba la paz? Filipenses 4:6–7 dice:

"Por nada estéis afanosos; antes bien, en todo, mediante oración y súplica con acción de gracias, sean dadas a conocer vuestras peticiones delante de Dios. Y la paz de Dios, que sobrepasa todo entendimiento, guardará vuestros corazones y vuestras mentes en Cristo Jesús."

1. ¿Quién es Jesús, según el cumplimiento de Isaías 7:14?

2. ¿Por qué es significativo que fue concebido por una virgen?

3. ¿Quién es Jesús, según el cumplimiento de Isaías 9:6?

4. El mensaje del ángel Gabriel a José fue muy importante. ¿Por qué?

5. El ángel le habló del nombre y de la misión del Hijo; ¿cuáles eran?

6. Antes de eso, Gabriel visitó a María (ver Lucas 1:26–38). ¿Cómo describió al niño que sería concebido?

7. Lee Isaías 9:6.
   • ¿Qué consejo te ha dado el Señor Jesús?

   • ¿Cómo te ha mostrado Su poder?

8. ¿Qué te ha mostrado sobre Dios Padre?

9. ¿Cómo te ha traído paz?

10. Quizás hoy el Señor Jesús te pregunta: "¿Quién dices tú que soy yo?" Por revelación de lo que has escuchado, leído, meditado o recibido, ¿cuál es tu respuesta?

11. ¿Cómo puedes responder a Dios al contemplar estas dos profecías de Isaías y su cumplimiento en Jesús?

La sanidad de Ezequías
Lee Isaías 38

Los problemas y las dificultades pueden ser una gran oportunidad para experimentar milagros y conocer mejor a Dios. La primera parte de Isaías 38 se refiere a la enfermedad grave del rey Ezequías y cómo fue sanado. La segunda parte es un salmo de Ezequías, rey de Judá, que expresa cómo fue afectado emocional y físicamente y cuál fue su actitud al ser sanado.

El nombre "Ezequías" en hebreo significa "el Señor ha fortalecido", y fue exactamente lo que Ezequías necesitaba y experimentó. En esos días, su territorio estaba en peligro inminente de ser invadido por Senaquerib, rey de Asiria. Además, cayó gravemente enfermo.

Como un registro personal importante, Ezequías hizo una restauración en el templo del Señor: lo limpió de idolatría, destruyó la serpiente de bronce que Moisés había hecho en el desierto, la cual en ese tiempo era un objeto de adoración; y estableció la adoración solo a Dios.

El rey Ezequías se enfermó gravemente aproximadamente a los 39 años de edad, y el profeta Isaías vino a anunciarle: "Ordena tu casa, porque morirás y no vivirás."

Dios, en su soberanía, decide los días de la vida humana y espera que, mientras tanto, pongamos nuestras cosas y nuestras casas en orden. La enfermedad no solo afectó el cuerpo físico del rey Ezequías, sino también su estado mental y emocional. Pero cuando se acercó a Dios conforme a Su Palabra y con una actitud correcta, Ezequías fue sanado y fortalecido. El resultado es un testimonio que beneficia a otros.

LA PRIMERA PARTE DEL CANTO DE EZEQUÍAS
En esta parte del salmo, Ezequías describe sinceramente sentimientos de frustración, desánimo y pensamientos negativos por no haberse preparado para morir, y tristeza al saber todo lo que iba a perder, especialmente la oportunidad de alabar y adorar al Señor en vida. Finalmente, recuerda a Dios en una oración ferviente.

LA ORACIÓN DE EZEQUÍAS
Cuando escuchó por medio de Isaías la Palabra del Señor de que iba a morir, Ezequías oró. No acudió a nadie más aquí en la tierra ni en el cielo, sino solo al Señor. Oró con humildad y clamó desde lo más profundo de su ser.

Jeremías 33:3 dice: "Clama a mí y yo te responderé…"

En su oración, recordó su restauración y adoró sinceramente al Señor. Santiago 5:15,16 dice: *"Confesaos vuestras faltas unos a otros, y orad unos por otros para que seáis sanados. La oración eficaz del justo puede mucho."* Él pidió sanidad en su oración con lágrimas (v. 16).

Según el libro de Reyes, fue escuchado inmediatamente. Isaías aún estaba en el patio de la casa real cuando el Señor lo envió de regreso con una obra de sanidad.

LA RESPUESTA A LA ORACIÓN
El Señor vio las lágrimas de Ezequías y escuchó su oración, recordó el pacto hecho con su antepasado David, y dijo que añadiría 15 años de vida, con la promesa de que si en tres días Ezequías iba al templo (esto está en el libro de Reyes), él y el pueblo de Judá serían librados del rey de Asiria.

Cuando Dios da vida, la da con un plan y un propósito. ¿Has orado por tus necesidades con la actitud de Ezequías? ¿Estás dispuesto a glorificar a Dios para que Su propósito en tu vida se cumpla? ¿Has confiado en el nombre de Jesús? En Juan 14:14, Jesús dijo: *"Si algo pedís en mi nombre, yo lo haré."* Y según Romanos 8:26, tenemos la ayuda y fortaleza del Espíritu Santo cuando lo dejamos guiarnos y oramos.

Dios, en su amor eterno y fidelidad, fortaleció la fe de Ezequías. Hizo retroceder la sombra del reloj solar el equivalente a 40 minutos y le dijo a Ezequías que iría al templo en tres días. Isaías mandó que se aplicara una "torta de higos" sobre el área de la enfermedad, y fue sanado.

El Señor sana con o sin ayuda —como dijo John Wesley— usando medios médicos o sin ellos. Lo importante es reconocerlo en primer lugar como Soberano y Señor, y reconocer que hay un propósito para vivir: agradar a Dios y servir al prójimo.

Al final del salmo del rey Ezequías (versículos 17-20), menciona primero el perdón de los pecados, luego la necesidad de dar gracias al Señor, quien es fiel en esta vida terrenal, y enseñar a las futuras generaciones a hacer lo mismo.

La salvación y la liberación vienen por los méritos y la obra de Cristo en la cruz y son un regalo de Dios. Debemos reconocer a Jesús como Señor, humillarnos y rendirnos a Él en adoración en todos los aspectos de la vida, como lo hizo Ezequías, orando con fervor en toda necesidad. ¿Has considerado la necesidad de poner a Dios en primer lugar en tu vida? ¿Y de creer en el nombre sanador y libertador de Jesucristo y recibir de Su misericordia?

PARA MEDITACIÓN Y COMPARTIR EN GRUPO
Isaías 38 y el devocional anterior:

1. A menudo en la Biblia, la palabra "casa" se refiere más a la familia. ¿Cuáles podrían ser algunos de los asuntos familiares de un rey que tendría que poner en orden?

2. Dios envió a Isaías al rey dos veces con mensajes. Si Isaías no hubiera escuchado el segundo mensaje, ¿qué habría sido diferente?

3. Recordemos que Dios envió a Abraham a ofrecer a su hijo como holocausto. Después le habló otra vez y eso cambió todo. Es necesario que el mensajero escuche ambas veces y que el oyente también escuche ambas veces. ¿Te ha hablado Dios una vez y luego otra con un mensaje diferente (para ti o para otra persona)?

4. ¿Por qué crees que Dios añadió la señal del sol?

5. En el versículo 12, el rey compara su vida con una obra tejida en un telar que Dios no ha terminado, y la corta. Comenta sobre esto.

6. En el versículo 16, "Y me restaurarás y me harás vivir" (literalmente), vemos fe en la súplica. Explícalo.

7. El versículo 17 describe lo que, además de la sanidad, le ocurrió. ¿Por qué crees que Isaías dio instrucciones de aplicar una masa de higos sobre el tumor, después de que Dios aseguró que había sido escuchado?

8. Comenta sobre el versículo 19.

9. Si tienes un problema de salud que necesita sanidad, puedes expresárselo hoy a Dios con fe, esperanza y con una actitud de obediencia.

El Consuelo de Dios y Cómo Recibirlo
Lee Isaías 40:1-11

El consuelo o fortaleza de Dios son buenas noticias que nos dan seguridad y esperanza, no solo para la vida venidera, sino especialmente para los momentos que estamos viviendo. El capítulo 40 de Isaías se refiere al consuelo del Señor para Su pueblo, Judá y Jerusalén. También se refiere a los oyentes de Juan el Bautista y a nosotros hoy. El verbo "consolad" está en forma imperativa, lo cual implica acción—hay una actitud y una preparación que debemos tener para recibir las buenas noticias, la promesa del Dios fiel y poderoso.

La preparación se refiere a un cambio en nuestra dirección y en nuestra forma de pensar, lo cual tendrá como resultado positivo el recibir las buenas noticias de salvación. Nuestras decisiones determinan el resultado y nos preparan para tener una visitación divina hoy y para recibirlo en Su venida como Rey, Dios y Señor.

LAS BUENAS NOTICIAS QUE CONSUELAN

Las buenas noticias están en el contexto del amor de Dios que habla al corazón de Su pueblo. El consuelo es el resultado de dos eventos: el Señor viene como Salvador y libertador, y el castigo del pecado ha sido pagado por completo. Jesús, en Su primera venida como Cordero, vino a quitar el pecado del mundo. En la cruz, Él tomó la ira de la justicia por nuestros pecados.

PREPARACIÓN

Recibir las buenas noticias es como recibir la venida de un rey, para quien debemos preparar el camino. En este caso, es en nuestro ser interior, el corazón, donde debemos remover obstáculos. Hay un anuncio con letras grandes en los cuatro evangelios: "Arrepentíos, porque el reino de los cielos se ha acercado", en alusión a la predicación de Juan el Bautista, quien preparó el camino para el Señor Jesucristo. El arrepentimiento que debemos experimentar consiste en cambiar de nuestro propio camino al camino del Señor y con Él, y también en nuestra forma de pensar. Esto debe mostrar frutos dignos de arrepentimiento.

Esta preparación es para recibir la semilla incorruptible de la Palabra de Dios. 1 Pedro 1:23-25 dice:

> *"Pues habéis nacido de nuevo, no de una simiente corruptible, sino de una que es incorruptible, es decir, mediante la palabra de Dios que vive y permanece. Porque: toda carne es como la hierba, y toda su gloria como la flor de la hierba. sécase la hierba, cese la flor, mas la palabra del Señor permanece para siempre. Y esta es la palabra que os fue predicada."*

Debemos preparar nuestros corazones y remover todo obstáculo, todo formalismo y religiosidad, incredulidad y orgullo. Los que son orgullosos deben humillarse, y los que tienen baja autoestima deben aceptar el amor del Señor.

DECISIÓN

Hay una invitación a decidir recibir la Palabra de Dios y creer en ella, en vez de seguir los deseos de la mente carnal. Cuando nos preparamos por medio del arrepentimiento, se manifiesta la gloria y la presencia o la salvación de Dios a la humanidad; allí estamos eligiendo el mensaje de salvación en lugar de nuestros propios caminos egoístas.

Esto es lo que Dios ha dicho y planeado, y esto es lo que trae victoria y éxito a todos los que creen.

La confianza humana, la religión y la confianza en uno mismo para salvarse son como la hierba y su gloria como la flor que se seca y cae. La mente humana sin Dios está corrompida, y su mejor esfuerzo es en vano para obtener justificación ante Dios.

Solo a través de la Palabra de Dios, cuando es recibida y creída, nacemos de nuevo a una nueva vida. Solo Cristo con Su obra por nosotros es suficiente para salvarnos y bendecirnos. Solo el Espíritu del Señor nos da victoria y consuelo cuando nos sometemos a Él. Toda carne es como la hierba y su gloria como la flor de la hierba, pero la Palabra de Dios permanece para siempre.

La Palabra del Señor nunca ha sido destruida, a pesar de la persecución a lo largo del tiempo, y siempre ha permanecido porque es Palabra de Dios.

La decisión debe ser ver solamente a nuestro Dios, y el mensaje debe darse con fuerza, en voz alta y sin temor, a todos.*"Mirad a mí, y sed salvos, todos los términos de la tierra, porque yo soy Dios, y no hay más"* (Isaías 45:22). *"Porque hay un solo Dios, y un solo mediador entre Dios y los hombres, Jesucristo hombre"* (1 Timoteo 2:5). Es un llamado a decidir ver solo a Dios—nada creado, ningún edificio, ningún ser humano, ningún bien, ninguna representación—solo al Creador.

El Señor vendrá a gobernar con poder, con su recompensa según lo que Su pueblo haya hecho. Apocalipsis 22:12 dice: *"He aquí, yo vengo pronto, y mi recompensa está conmigo para recompensar a cada uno según sea su obra."*

Vendrá como Rey y Señor, pero ahora Él es el Buen Pastor y llama a cada uno por nombre (Juan 10:10-15); Él es el Gran Pastor (Hebreos 13:20); Él es el Príncipe de los Pastores (1 Pedro 5:4). Separará las ovejas de los cabritos (Mateo 25:31-33). Vendrá como juez y rey, pero ahora es Salvador y Señor. Debemos escuchar con atención el mensaje de las buenas noticias, recibirlo y creerlo, preparar nuestros corazones, remover todos los obstáculos, y volvernos a Dios y aceptarlo como nuestro Pastor hoy.

Para Meditación y Compartir en Grupo
Isaías 40:1-11 y el devocional anterior:

1. ¿Qué es el consuelo en el versículo 1?

2. En la antigüedad, se preparaba un camino por donde vendría un rey. Explica los versículos 3 y 4 en relación con el pueblo de Dios y la venida inminente del Rey Jesús.

3. ¿Qué significa "la palabra del Señor permanece para siempre"?

4. Es el deseo de Dios "revelar Su gloria". Jesús lo dijo en Su oración en Juan 17:22,24. ¿A qué se refiere esto?

5. Contrasta "la gloria del hombre" con "la gloria del Señor".

6. En el versículo 9, Dios dijo a "Jerusalén, anunciadora de buenas nuevas", que alzara su voz sin temor, diciendo a las ciudades: "¡He aquí el Dios vuestro!". ¿Cómo se aplica esto a nosotros?

7. El versículo 10 nos recuerda Isaías 6 (tema anterior). Investiga y explica "el gobierno" y "el galardón" que el Señor tendrá después de venir por los suyos.

8. Explica el versículo 11, del lenguaje figurado a lo que el Señor Jesús hace con nosotros.

9. Expresa ahora el consuelo del Señor que proviene de conocer y confiar en Su gracia, gloria, gobierno y recompensa.

Fuerza Como la del Águila

Al igual que Israel en el exilio, incluso el pueblo de Dios puede pasar por situaciones difíciles y experimentar debilidad, fatiga e inseguridad. Y, como Israel, también necesitamos entender lo que enseña Isaías sobre recibir fuerza como la del águila: para superar situaciones, para elevarnos, correr y caminar, y continuar adelante.

Muchas veces nos enfocamos solo en nuestros problemas, pero otras veces ponemos la atención en lo incorrecto, como en las criaturas y no en el Creador, o en una representación del Creador (lo cual es idolatría). Pero si levantamos nuestros ojos al Señor Dios Todopoderoso y Sabio, a Su cuidado integral por Su creación y especialmente por nosotros, recibiremos fuerza para continuar con éxito y victoria.

En la primera parte de Isaías 40, vemos la necesidad de consuelo y fortaleza que recibimos con el perdón completo de nuestros pecados por medio de Jesucristo, y la necesidad de preparar nuestros corazones para recibir la semilla incorruptible de la Palabra de Dios.

En la segunda parte de este capítulo, el autor comienza a describir las obras omnipotentes del Creador y cómo Él no solo tiene el control de todo, sino que también tiene un propósito para todo y para todos. Por lo tanto, Él tiene el poder necesario para ayudar a Su pueblo de la manera adecuada. Además, el Espíritu del Señor es el mejor Guía, Consejero e Instructor, que puede ayudarnos a entender nuestros caminos. Debemos enfocar nuestra atención solo en el Señor, no en ninguna representación material —lo cual es idolatría— ni en ningún ser o cosa creada —lo cual también es idolatría. Así es como recibimos fuerza como las águilas: cuando esperamos en el Señor, para volar, correr y caminar.

Luego, hay un llamado al pueblo para recordar la grandeza del poder y la soberanía de Dios sobre Su creación. Él midió las aguas y los cielos, calculó el polvo de la tierra, pesó las montañas y las colinas. Estas medidas tienen el propósito de mostrar belleza y bendición, y Él puede hacer lo mismo con Su pueblo, inspirándonos a confiar en Él. Por un lado, tenemos la omnipotencia del Señor, y por otro lado, la omnisciencia (Él lo sabe todo) del Espíritu de Dios, quien guía, aconseja, enseña, instruye en justicia, nos enseña en conocimiento y nos muestra el camino de la inteligencia. Él está muy cerca, y si le pedimos, nos dará toda sabiduría y nos guiará para enfrentar cualquier situación.

Debemos enfocar nuestros ojos única y exclusivamente en Él, el Señor Todopoderoso y Sabio, para que nos ayude. Esto significa que no debemos comparar a este "único Dios" con ninguna imagen material—no debemos permitir la idolatría.

Tampoco debemos permitirnos confiar en nadie o en nada creado, como un líder, un edificio, el dinero, nuestras profesiones, habilidades, la política, las naciones o los sistemas de filosofía. Nada de esto nos libera, y es en vano.

Finalmente, además de ver y recordar al Dios Sabio y Todopoderoso, y poner nuestro enfoque exclusivamente en Él, debemos recibir nuestra fuerza de Él y en el poder de Su fuerza (Efesios 6:10). Cuando alguien ha nacido de nuevo, es una nueva criatura con una nueva naturaleza que tiene potencial para superar cualquier situación temporal. *"De modo que si alguno está en Cristo, nueva criatura es; las cosas viejas pasaron; he aquí todas son hechas nuevas"* (2 Corintios 5:17).

La última parte del capítulo 40 nos enseña que los que esperan en el Señor volarán como las águilas, correrán y caminarán con fuerza sobrenatural y no se cansarán.

Primero, nuestra confianza no debe estar en nosotros mismos ni en nuestra propia fuerza. Los jóvenes se fatigan y se cansan, *"pero los que esperan en el SEÑOR renovarán sus fuerzas; se remontarán con alas como las águilas, correrán y no se cansarán, caminarán y no se fatigarán."*

Esto significa que al depender del Señor y de Su fuerza, se puede superar cualquier situación temporal difícil. Volaremos con la fuerza del águila. Para eso, necesitamos renovarnos, dejar el pasado y todo lo que nos impide ver solo al Señor y creer en Él, recibiendo el poder que Él da. Las águilas vuelan y tienen una visión muy aguda desde grandes alturas; se renuevan para enfrentar el futuro.

Dios puede darte fuerzas y renovar tu mente para aceptar Su gracia por la fe, para depender de Él, aplicar la lectura y meditación de Su Palabra, orar y tener comunión con Él. Sobre todo, debemos decidir seguir a Cristo (nuestro Maestro), al Espíritu Santo (nuestro Instructor) y a la Palabra de Dios.

Estamos diseñados para enfrentar las situaciones mediante Su Palabra, basados en el poder y sabiduría del Señor, la guía del Espíritu del Señor, y tomar la decisión de reconocer solo a Él como Señor. Cuando esperamos solo en el Señor, Él promete darnos fuerzas para elevarnos a una dimensión celestial y volar con fortaleza para continuar nuestro camino. Cuando volamos alto, vemos mejor que desde el suelo. El Señor ve el panorama completo y nos aconseja que confiemos en Él y que lo obedezcamos. Para renovarnos y volar alto, debemos dejar atrás el pasado que nos impide avanzar y mirar hacia la victoria y el premio supremo que nos espera.

Para Meditación y Compartir en Grupo
Isaías 40:12-31 y el devocional anterior:

1. De los versículos 12-14, interpreta brevemente y nombra las características de Dios.

2. ¿Cómo te ayuda este ejercicio a enfocarte en esas características?

3. A los ojos de Dios, la pequeñez de "las naciones" o "los habitantes" no significa que Él no esté interesado en ellos. Explica.

4. Considerando quién y cómo es Dios, ¿qué o cómo es un ídolo?

5. Según el versículo 23, busca algunos ejemplos de gobiernos que Dios ha derribado.

6. Escribe el versículo 23 y léelo en voz alta.

7. Usando los versículos 28-31, escribe una respuesta a Dios para cada versículo.

8. ¿Dónde está el enfoque?

Por Sus Llagas Hemos Sido Sanados
Lee Isaías 53

En un mundo lleno de circunstancias difíciles, necesitamos buenas noticias de salvación completa y constante. Alguien especial anuncia que trae noticias de gozo y paz. En Su primera venida, Dios Padre nos presentó al Mesías como un Cordero, como el Siervo sufriente del Señor, que vino a hacer expiación. Para cumplir con la justicia divina, Él vino a tomar nuestro lugar, luego a tomar el lugar de victoria contra los verdaderos enemigos de la humanidad, a tomar el reino y todo poder.

Isaías 53 es un retrato explícito de la obra de la cruz del Calvario, donde la santidad, la justicia y la ira de Dios se encuentran al mismo tiempo—donde el amor eterno de Dios restaura la relación entre el hombre y su Dios.

El Siervo del Señor

Isaías 52:7 introduce el capítulo 53 y menciona a alguien que trae grandes noticias de paz y salvación (en hebreo *"Yeshúa"*). Luego, en los versículos 13-14, Dios Padre dice: "He aquí mi siervo" que será prosperado, exaltado y enaltecido, pero cuya apariencia sería desfigurada más que la de cualquier hombre.

Filipenses 2:7-9 dice que:

Cristo Jesús *"se despojó a sí mismo tomando forma de siervo, haciéndose semejante a los hombres. Y hallándose en forma de hombre, se humilló a sí mismo, haciéndose obediente hasta la muerte, y muerte de cruz. Por lo cual Dios también le exaltó hasta lo sumo, y le confirió el nombre que es sobre todo nombre"*.

Al comienzo del capítulo 53 de Isaías vemos que estas grandes noticias deben ser recibidas por fe y experimentadas a través del poder y la fuerza de Dios. El Mesías vino primero a un desierto árido y una atmósfera hostil llena de apariencias externas de santidad, pero sin fe. Su apariencia externa no fue ni es importante, como algunos artistas del Renacimiento históricamente lo han presentado, sino que lo más importante es Su carácter, lleno de amor y compasión, santidad e integridad.

Romanos 5:8 dice: "Pero Dios muestra su amor para con nosotros, en que siendo aún pecadores, Cristo murió por nosotros."

¿Has creído y aceptado a este Cristo, y has valorado Su carácter y motivos internos?

EXPIACIÓN

El sufrimiento de Cristo fue como "el Cordero de Dios que quita el pecado del mundo" (Juan 1:29). La expiación, o *"kipur"* en hebreo, significa borrar o quitar el pecado, y (como se ve en el Antiguo Testamento) se realiza a través de un tercero inocente como castigo por el pecado. Los sacrificios de corderos inocentes sin defecto eran una sombra y figura del sacrificio perfecto del Mesías. La muerte de Cristo en la cruz fue un acto legal para satisfacer la justicia y santidad divinas.

La Escritura dice: "Todos nosotros nos descarriamos como ovejas." El pecado es universal. Luego dice: "Cada cual se apartó por su camino." La responsabilidad es individual. Por esto murió Jesús. "Fue cortado de la tierra de los vivientes, y por la rebelión de mi pueblo fue herido."

En Su cuerpo y en Su ser, Jesús llevó nuestras enfermedades, y por Sus llagas fuimos sanados. "Fuimos sanados." Es una acción pasada, realizada completamente por Él, y nosotros somos el objeto de la acción en la frase. Él es el médico (*"rofé"* en hebreo), el Señor que sana como parte de la expiación. Mateo 8:16-17 dice:

"Y cuando llegó la noche, trajeron a Él muchos endemoniados; y con la palabra echó fuera a los demonios, y sanó a todos los enfermos; para que se cumpliese lo dicho por el profeta Isaías, cuando dijo: Él mismo tomó nuestras enfermedades, y llevó nuestras dolencias."

Él murió por nuestras enfermedades físicas y espirituales. 1 Pedro 2:24-25 dice:

"y Él mismo llevó nuestros pecados en su cuerpo sobre la cruz, a fin de que muramos al pecado y vivamos a la justicia, porque por sus heridas fuisteis sanados. Pues vosotros andabais descarriados como ovejas, pero ahora habéis vuelto al Pastor y Guardián de vuestras almas."

El mismo sacrificio sanó nuestro ser espiritual, emocional y físico; solo debemos creer, pedirle y darle gracias. Él nos redimió con el precio de Su sangre preciosa; lo hizo voluntariamente por amor (Juan 10:18) para restaurarnos a la justicia y a la relación con Dios.

En Hechos 8:26-39, vemos al evangelista Felipe usar el pasaje de Isaías 53 para compartir el evangelio de Jesús al etíope (que estaba leyendo en su viaje), y luego lo bautizó en agua.

¿Te gustaría confesar a Cristo como tu Cordero que quita tus pecados y sana tus enfermedades? Pídeselo, créelo, y dale gracias.

ÉL MURIÓ Y RESUCITÓ

Cristo murió entre dos ladrones (Mateo 27:38). Uno de ellos fue salvo, reconociendo su culpa y creyendo en el Santo Cordero de Dios, en Su resurrección y en Su majestad. Cristo estuvo con los ricos en Su muerte (Mateo 27:57-60). José de Arimatea, un discípulo, pidió el cuerpo y lo puso en un sepulcro nuevo cumpliendo la profecía.

Cristo murió como un Cordero inocente por nosotros. 2 Corintios 5:21 dice: "Al que no conoció pecado, por nosotros lo hizo pecado, para que nosotros fuésemos hechos justicia de Dios en Él." La crueldad de Su muerte fue debida a la gravedad del pecado ante la justicia y santidad de Dios; Su sangre nos ha rescatado del pecado y de nuestra vana manera de vivir heredada, para que vivamos por fe en Él (como dice 1 Pedro 1:18 y 19).

El Mesías-Cordero-Siervo de Dios murió por nuestro pecado, pero resucitó y fue exaltado, y ahora es Sumo Sacerdote intercediendo por nosotros a la diestra del Padre.

Dios nos amó tanto que dio a Su único Hijo como expiación, como un Cordero Inocente que quita el pecado. Su obra en la cruz nos justifica, perdona nuestros pecados y sana nuestras enfermedades espirituales, emocionales y físicas. Cuando creemos y experimentamos la revelación de Su poder que viene de la cruz del Calvario, Él nos da paz y gozo y una vida abundante con propósito, y nos pone en el proceso de restauración completa de comunión con Dios.

El Siervo del Señor, en Su primera venida, vino a hacer expiación, sanidad y restauración; murió y resucitó para justificarnos delante del Padre. Ahora es nuestro Intercesor y Sumo Sacerdote en el trono de Dios, y vendrá como Rey de Reyes y Señor de Señores para tomar el reino y el poder eternamente.

PARA MEDITACIÓN Y COMPARTIR EN GRUPO
Isaías 53 y el devocional anterior:

1. ¿Cómo llama el autor al Mesías en Isaías 52:13?

2. Escribe los adjetivos en el capítulo 53 que describen al Mesías.

3. "El Señor" en este pasaje se refiere a Dios Padre; ¿qué hizo Él, según el pasaje?

4. ¿Qué "paz" o bienestar se encuentra como beneficio de todo esto?

5. Según Isaías 52:13, ¿cuál es el objetivo final del Mesías?

6. Comenta sobre la palabra "muchos" en los versículos 11 y 12.

7. ¿Cuál es la palabra clave en Isaías 53:1 para nosotros hoy (desde que se cumplió)?

8. Expresa tu respuesta al Señor por haber impartido este mensaje a Isaías y por haberlo cumplido en Su Hijo.

Vida, Salud y Propósito al Venir al Señor
Lee Isaías 55

La vida, la fuerza y los resultados positivos vienen solo de Dios, quien es la fuente de agua viva y quien ha hecho un pacto eterno con todos los que lo necesitan, creen y lo reciben. El Dios eterno que nos ama nos llama a venir, escuchar con atención, buscarlo y clamar a Él para recibir nueva vida y verdadera nutrición. Debido a la obra del Siervo Sufriente-Mesías en Isaías 53, podemos obtener los beneficios del pacto eterno hecho con el rey David. Debemos venir al Señor para recibir nueva vida y entrar en el proceso de transformación de nuestra conducta y manera de pensar para ser útiles en los propósitos eternos del Señor.

Verdadera satisfacción para nuestra alma

El Señor Dios habla personalmente y llama a todos los sedientos sin excepción. La sed solo puede saciarse bebiendo agua. El imperativo "Venid" se repite varias veces, al igual que "comprad sin dinero", "escuchad atentamente" y "buscad", aunque estos mandamientos son voluntarios. Se nos invita a venir a beber agua, y a comprar vino y leche sin dinero. Por fe, todo es gratis, pagado por el Siervo del Señor descrito en Isaías 53 y Su sacrificio en la cruz.

El Señor Jesús dijo en Juan 7:37-39:

"Y en el último día, el gran día de la fiesta, Jesús puesto en pie, exclamó en alta voz, diciendo: Si alguno tiene sed, que venga a mí y beba. El que cree en mí, como ha dicho la Escritura: «De lo más profundo de su ser brotarán ríos de agua viva». Pero Él decía esto del Espíritu, que los que habían creído en Él habían de recibir; porque el Espíritu no había sido dado todavía, pues Jesús aún no había sido glorificado."

Solo Él puede satisfacer las necesidades más profundas de nuestra alma. Debemos evaluarnos y preguntarnos: ¿Dónde están nuestros valores? ¿Cuáles son nuestras prioridades en la vida?

ACCIONES QUE DEBEMOS TOMAR

Aquí hay varias acciones o reacciones que debemos hacer por fe.

Primero, debemos venir al Señor y "escuchar diligentemente" para que nuestra alma viva ahora y en la eternidad. El mensaje es de misericordia, y de amor eterno expresado en compasión y perdón de pecados, por medio del pacto eterno del Mesías en Su primera venida como Cordero. Dio Su cuerpo por nuestros pecados y enfermedades, y Su sangre para restaurarnos, sellar Su pacto y darnos gozo a través de Su muerte y resurrección.

Después de escuchar atentamente y creer este mensaje, debemos "buscar al Señor mientras puede ser hallado; llamad en tanto que está cercano" y abandonar nuestros caminos perversos y pensamientos impíos. Todos tienen el privilegio de buscarlo, pero la oportunidad es corta, así que debemos aprovechar mientras el Señor y Su gracia pueden hallarse.

Volverse al Señor y abandonar nuestros pensamientos inicuos y caminos malos es parte de buscarlo; esto se define como arrepentimiento. Cuando hacemos esto, encontramos la compasión y el perdón del Señor.

Cuando buscamos al Señor hoy y adoptamos una actitud de arrepentimiento, necesitamos reentrenar nuestra forma de pensar, lo que trae un cambio de conducta. Romanos 12:1-2 dice:

"Así que, hermanos, os ruego por las misericordias de Dios, que presentéis vuestros cuerpos en sacrificio vivo, santo, agradable a Dios, que es vuestro culto racional. No os conforméis a este siglo, sino transformaos por medio de la renovación de vuestro entendimiento, para que comprobéis cuál sea la buena voluntad de Dios, agradable y perfecta."

Debemos considerar que Sus pensamientos y caminos son mucho más altos y grandes. Su sabiduría, entendimiento y conocimiento son perfectos y superiores a los nuestros; no podemos adaptarlos a nosotros. Más bien debemos adaptar nuestros pensamientos y caminos a los Suyos y cultivar una imagen y semejanza del Hijo de Dios por medio de Su Palabra y Su Espíritu (2 Corintios 3:18). Esto trae total confianza y paz.

Reentrenar la mente lo hace el Espíritu Santo por medio de la Palabra de

Dios, donde obtenemos nutrición, crecimiento, transformación y victoria, similar al ciclo del agua. Así como el agua desciende, cumple su propósito en la tierra y asciende; así también la Palabra de Dios, sin añadirle ni quitarle, cumple Su propósito. Ese propósito se logra en restauración, cambios, frutos y resultados.

La Palabra de Dios es semilla en nuestro corazón que nos alimenta, y es semilla que sembramos en otros.

Mientras la semilla de la Palabra de Dios trabaja en nosotros, da como resultado gozo y paz que nos afecta a nosotros y a otros con cambios restauradores. En lugar de sequía, esterilidad e inutilidad, habrá fruto, utilidad y belleza, siempre gracias a Su gracia y fidelidad.

Finalmente, hay un llamado urgente del Señor a venir ante Él con nuestras necesidades espirituales. Primero, bebemos agua sin pagar y recibimos el vino y la leche del carácter espiritual que también nos son gratuitos; pagados por Jesús, el Cordero de Dios, en la cruz y en Su resurrección. Para recibir esta gracia, necesitamos fe y arrepentimiento, dejar voluntariamente nuestra manera impía de pensar y actuar, y luego continuar con el proceso de renovar nuestra mente por medio de la Palabra y Su Espíritu. Sus pensamientos y caminos son perfectos y, por tanto, mejores que los nuestros. Él promete restaurarnos con Su misericordia y perdón, cambiando la esterilidad por una vida fructífera, útil y espiritualmente hermosa, mientras dependemos de Él y vivimos por fe. Todo esto es para la gloria de Su nombre.

PARA MEDITACIÓN Y COMPARTIR EN GRUPO
Sobre Isaías 55 y el devocional anterior:

1. Recuerda ocasiones cuando gastaste en algo "que no satisface".

2. Recuerda otras ocasiones cuando recibiste algo "sin dinero" que te deleitó, quizá aún hoy.

3. En el versículo 3, ¿a través de quién se cumplió "el pacto eterno"?

4. En el versículo 6, leemos entre líneas que hay un tiempo en que no se le puede buscar. Investiga esto en las Escrituras.

5. El propósito de los versículos 8 y 9 no es desalentar o alejar, sino...

6. Explica lo que hace "la palabra que sale de la boca de Dios", como se menciona en lenguaje figurado en el versículo 10.

7. El versículo 13 nos recuerda Génesis 3 y los "espinos y cardos", pero aquí hay una promesa: _____ ¿con qué base?

8. Estamos invitados a "Venid, escuchadme, buscadme, volveos". Describe cómo haces esto en tu vida diaria.

9. ¿Has disfrutado los resultados de este pasaje?

INSTRUCCIONES PARA SER ESCUCHADOS DURANTE LA ORACIÓN Y EL AYUNO
Lee Isaías 58

Necesitamos que nuestras oraciones a Dios sean respondidas, por eso es importante determinar si estamos de acuerdo con la Palabra de Dios. Necesitamos acercarnos con fe, y la fe viene de escuchar atentamente la Palabra de Dios.

Isaías 58 nos da instrucciones sobre cómo evitar las apariencias religiosas mientras se es una persona distinta en la vida diaria. En ese tiempo, el pueblo de Dios tenía un conflicto entre el mandamiento de amar a Dios integralmente y amar al prójimo, frente a rituales religiosos impíos en su vida diaria. Practicaban injusticias descaradas hacia los demás, pero al mismo tiempo seguían una liturgia detallada. Acusaban a otros para defenderse, y sólo mostraban apariencias religiosas sin una relación verdadera con el Señor ni preocupación por los necesitados.

Cuando oramos o ayunamos, necesitamos considerar la Palabra de Dios que es verdad. Su obra nos manda a amar al Señor Dios con todo nuestro ser y al prójimo como a nosotros mismos. Debemos acercarnos a Dios con humildad, arrepentimiento, sinceridad y fe, y evaluar cómo nos relacionamos con nuestro prójimo, según Su Palabra. Hacer esto traerá bendición, restauración y respuestas a nuestras oraciones.

EL AYUNO

El ayuno es la abstinencia total o parcial de alimentos (donde generalmente sólo se toma agua) por un día o más con el propósito de acercarse a Dios en oración y humildad, con una petición urgente, para recibir respuestas de Dios, romper yugos o bloqueos espirituales, o dominar la carne.

En el Día de la Expiación o del perdón, se ordenó al pueblo de Israel hacer un ayuno anual y realizar una evaluación personal y colectiva, seguida de arrepentimiento y cambio de actitudes y conducta.

En otras ocasiones de necesidad también fueron llamados a ayunar. Por ejemplo:

- En 2 Crónicas 20:3, Josafat convocó al pueblo a ayunar por victoria contra el enemigo.

- Nehemías oró por protección durante la reconstrucción de los muros de Jerusalén.

- Daniel ayunó con una dieta ligera para recibir revelación de Dios (Daniel 10:3, 12).

- Ester ayunó por la salvación y protección de su pueblo.

- Joel (2:12-15) dijo:
  "Aun ahora —afirma el Señor— volved a mí de todo corazón, con ayuno, llanto y lamento. Rasgad vuestro corazón y no vuestros vestidos..."

PROBLEMAS QUE DEBEN TRATARSE

El primer problema que debe declararse como transgresión y pecado es actuar como si todo estuviera bien, aparentando buscar y conocer al Señor, pero viviendo en pecado. Orar por conveniencia personal sin corregir problemas de injusticia y desacuerdos, hablando con iniquidad y acusando a otros mientras se defienden, es orgullo y egoísmo. Ayunar para ser vistos por los hombres, pero no en obediencia a Dios es como el caso de los fariseos en Mateo 6:16-18.

Otro problema era guardar el día de reposo solo como un rito, como una ley exterior, pero sin glorificar o descansar en el Señor. Podemos hacer algo bueno de manera incorrecta; no se trata solo de abstenerse de algo sino de hacer lo correcto de la manera correcta. ¿Te gustaría examinar cómo está tu relación con Dios y con tu prójimo?

La solución no está en evitar el ayuno, sino en evitar ser superficial, evaluarnos y confesar nuestros pecados a Dios con arrepentimiento. Debemos decidir tener una relación personal con Dios con sinceridad y humildad, estudiar Su Palabra con el Maestro Jesucristo y con la instrucción del Espíritu Santo, ser enseñados en la verdad, que es fuente de fe, libertad y gozo.

Debemos considerar a nuestro prójimo (conocidos, familia, compañeros de trabajo, vecinos) y sus diversas necesidades, trabajar intencionalmente para ayudarles, hacer obras de servicio con generosidad y compasión, dejar de culpar a otros, perdonar y amar al prójimo. También, cambiar nuestro vocabulario y no hablar con iniquidad.

Ayunar y orar en este sentido implica soltar, liberar, romper yugos y bloqueos espirituales para nosotros y nuestro prójimo.

Los mandamientos básicos de Dios son amarle con sinceridad y amar al prójimo en su necesidad.

Respecto al día de descanso, podemos decir que "Cristo es nuestro descanso" (Hebreos 4:9-10), pero también es necesario dedicar un día a la semana para deleitarnos en Su presencia y descansar física y emocionalmente, confiando en que Dios es quien proveerá todo.

RESULTADOS

Como resultado de escuchar atentamente la voz de Dios, del arrepentimiento y de cambios en nuestra actitud hacia Dios y de conducta hacia el prójimo, habrá verdaderos cambios. La oración será contestada, habrá luz en nuestros caminos, vigor y justicia en nosotros, y la gloria de Dios nos protegerá. La guía del Señor estará, sobre todo, especialmente en la edificación de Su reino con fundamento sólido; habrá restauración, y otros serán bendecidos.

Debemos orar con sinceridad y humildad a Dios y no a los hombres. Debemos evaluarnos y hacer una lista de las cosas que necesitamos confesar a Dios y abandonar, y lo que aún debemos hacer. ¿Te gustaría orar de esa manera ahora?

La salvación es por fe en la obra de Jesucristo en la cruz. Pero la fe se manifiesta en obras de amor en servicio a los demás. Además de dejar de comer o trabajar, deberíamos hacer algo por los demás y ponernos a cuentas con Dios.

Colosenses 3:23-24: *"Y todo lo que hagáis, hacedlo de corazón, como para el Señor y no para los hombres, sabiendo que del Señor recibiréis la recompensa de la herencia, porque a Cristo el Señor servís."*

1. ¿Quién está hablando en el versículo 1 y a quién se dirige? ¿Qué quiere que se declare y a quién?

2. ¿Cuáles son las tres cosas que en el versículo 2 deberían caracterizar al pueblo de Dios?

3. Explica la diferencia entre la humildad exterior y lo que el Señor nos pide.

4. En el versículo 7, el Señor reprende por no obedecer el "segundo gran mandamiento: Ama a tu prójimo como a ti mismo". Explica la conexión entre las palabras de Isaías y las de Jesús.

5. ¿Qué dicen los versículos 8-12 que sucederá con el ayuno que Dios demanda?

6. Explica el concepto de ser un "restaurador y reparador".

7. Debe haber profetas como Isaías a quienes Dios les diga, como a trompeta: "Declara a mi pueblo su pecado". Este mensaje no debe sorprendernos. ¿Alguna vez has percibido por el Espíritu (¡no en la carne!) que Dios te ha dado un mensaje de corrección para un grupo?

8. ¿Alguna vez has notado que Dios llama la atención de alguien hablando a través de otra persona?

BASE BÍBLICA PARA LA SANIDAD DIVINA
Seguimiento de Isaías 58

La Palabra de Dios revela la voluntad de Dios en todo, especialmente en cuanto a la salvación. Es importante conocer, creer y recibir las promesas de Dios relacionadas con la salvación a través de Jesucristo, especialmente en cuanto a la sanidad del alma y del cuerpo físico.

La Palabra de Dios nos instruye sobre cómo aumentar nuestra fe para recibir sanidad, cómo orar, y cómo hacerlo basándonos en las promesas de sanidad.

La sanidad divina fue parte de la predicación de Jesucristo y de Su obra en la cruz. Él nos envió a imponer manos para sanidad cuando predicamos el evangelio. En Su iglesia dejó el don de sanidad (1 Corintios 12:9), e instrucciones para orar por los enfermos, ungiéndolos con aceite y confesando los pecados para recibir perdón (Santiago 5:14-16).

Nuestros cuerpos físicos y nuestro ser interior fueron creados para estar sanos. Tenemos un sistema inmunológico que nos ayuda y nos protege contra enfermedades. A través de la ciencia médica y la psicología, podemos mejorar nuestra salud y prevenir o curar enfermedades. El deseo de Dios, y nuestra oración, debe ser: *"Amado, ruego que seas prosperado en todo así como prospera tu alma, y que tengas buena salud"* (3 Juan 2).

Tener un estilo de vida saludable—alimentación balanceada, ejercicio constante, vivir con paz interior, y amar a Dios y al prójimo—puede ayudar a prevenir muchas enfermedades.

SALVACIÓN

En la Biblia, la salvación incluye liberación, restauración y bienestar completo (la palabra griega *sozo*). *Yeshúa* en hebreo (en español "Jesus") significa "El Señor salva". La palabra *shalom* significa paz y bienestar completo.

En Éxodo 15:26 vemos que el Señor es nuestro Sanador—*"Yo soy el Señor tu sanador"*—es algo personal. Aquí se nos muestra que debemos escuchar atentamente Su instrucción para evitar la enfermedad y tener fe en Aquel que sana.

En el Salmo 103:1-3, vemos que el Señor perdona todas nuestras iniquidades y sana todas nuestras enfermedades. Por eso, debemos bendecirle, darle gracias y alabarle, para recibir por fe los beneficios de la salvación.

En Isaías 53:6, vemos que Cristo, como el Cordero de Dios, fue a la cruz para tomar nuestro lugar y pagar por nuestros pecados y enfermedades.

FE

Para agradar a Dios y recibir de Él cuando venimos en oración, debemos tener fe (Hebreos 11:6). Romanos 10:17 dice: *"La fe viene por el oír, y el oír por la palabra de Cristo."*

La fe viene del corazón, y debemos confesar con la boca. Romanos 10:10 dice: *"Porque con el corazón se cree para justicia, pero con la boca se confiesa para salvación."*

Por lo tanto, es importante conocer la Palabra de Dios respecto a la salvación, la sanidad, y cómo podemos recibirlas por fe.

EJEMPLOS EN LOS EVANGELIOS

- Marcos 5:25-29: Una mujer con una enfermedad crónica de flujo de sangre primero escuchó acerca de Jesús (*la fe viene por el oír*), luego dijo dentro de sí: *"Si tan solo toco su manto, seré sana"*, luego actuó, y recibió su sanidad instantáneamente.

- Marcos 1:41: Un leproso se acercó a Jesús con humildad y adoración, y le dijo: *"Si quieres, puedes limpiarme."* Jesús, con compasión, le respondió: *"Quiero; sé limpio."* Es interesante observar la compasión de Jesús y Su voluntad de sanar.

- Lucas 4:39: La suegra de Pedro estaba en cama con fiebre alta. Le rogaron a Jesús que la sanara. Él reprendió la fiebre, ella fue sanada, y se levantó a servirle. Otra forma de sanidad es ejercer autoridad y ordenar a la enfermedad, en el nombre de Jesús, que se vaya. Uno de los propósitos de la sanidad es servir a Jesús.

La salud y la sanidad son parte de la salvación de Dios a través de Jesús. Es Su voluntad que los que han sido salvados por fe y por gracia vivan en salud, así como prospera su alma. Y si hay enfermedad, debemos aferrarnos a las promesas fieles de Dios, creer con el corazón, confesar con la boca, y alabarle. Filipenses 4:4-7 dice:

"Regocijaos en el Señor siempre. Otra vez lo diré: ¡Regocijaos! Vuestra bondad sea conocida de todos los hombres. El Señor está cerca. Por nada estéis afanosos; antes bien, en todo, mediante oración y súplica con acción de gracias, sean dadas a conocer vuestras peticiones delante de Dios. Y la paz de Dios, que sobrepasa todo entendimiento, guardará vuestros corazones y vuestras mentes en Cristo Jesús."

Que Dios te bendiga con fe en tu corazón para recibir salud y sanidad del Dios que sana, en el nombre de Jesús, quien pagó por nuestros pecados y enfermedades en la cruz. A Él sea la gloria y la honra por siempre. **AMÉN**

Para meditación y compartir en grupo

1. ¿Qué incluye el concepto de "salvación" en la Biblia?

2. En Marcos 5:25-29, ¿cuáles fueron los pasos que dio la mujer para recibir su sanidad?

3. ¿Cuáles son los propósitos que Dios tiene al sanarnos?

4. Además de creer y pedir sanidad, ¿qué debe hacer uno para mantener buena salud?

5. Recuerda que el cuerpo del creyente es "templo del Espíritu Santo" (1 Corintios 6:19-20).

6. Copia versículos o frases clave sobre la sanidad:
    *   Éxodo 15:26:

    *   Salmo 103:1-3:

    *   Isaías 53:5:

7. ¿Qué te inspira este tema a hacer o a expresar?

Buenas Noticias Para los Afligidos, Quebrantados, Cautivos y Oprimidos

Lee Isaías 61:1-2

No importa cuán profundas o numerosas sean las heridas o cadenas del alma, es importante reconocer, creer y recibir la salvación, liberación y la restauración que Jesús nos da a cada uno por medio de Su muerte en la cruz. En Isaías 61:1-2 y Lucas 4:18-19, Él es el Mesías, el Cristo, hablando en primera persona.

La unción consiste en la consagración y preparación para cumplir una función específica dentro de la misión y el llamado de Dios. En el Antiguo Testamento, la unción era para sacerdotes, reyes y profetas. Jesús fue ungido para estos tres roles también, y en Su primera venida como Cordero, Su unción trajo liberación, salvación del pecado, y la sanidad y recuperación de los daños causados por el pecado.

Fue el año de gracia, de jubileo, con perdón, libertad y restauración en Su primera venida.

En Su segunda venida será el día de venganza de nuestro Dios. El mensaje del Mesías en Su primera venida estaba dirigido a los pobres, a los quebrantados de corazón, a los oprimidos y a los prisioneros. Su mensaje fue sanar, liberar y restaurar a todos los que creyeran y lo recibieran.

LAS BUENAS NOTICIAS

Desde Levítico 25:10, vemos un "año de jubileo" o descanso y gracia cada 50 años, donde la tierra descansaba, se perdonaban las deudas, los esclavos eran liberados y todo era restaurado.

En Lucas 4:18 Jesús se levantó en la sinagoga leyó el pasaje de Isaías 61:1-2 sobre el jubileo y la gracia, y luego dijo: *"Hoy se ha cumplido esta Escritura delante de vosotros."*

Cristo vino a sanar los daños que el pecado había causado: la pobreza, las heridas del corazón, la cautividad y la opresión.

El pecado empobrece desde todo punto de vista. Cristo anuncia las buenas noticias a los afligidos. Siempre ha tenido un interés especial en los pobres, especialmente en los pobres en espíritu. *"Bienaventurados los pobres en espíritu, porque de ellos es el reino de los cielos"* (Mateo 5:3). En Lucas 18:9-14 vemos al fariseo y al publicano orando, pero solo el segundo fue justificado ante Dios por su humildad y dependencia de la misericordia de Dios.

El pecado quebranta los corazones, pero Cristo viene con el vino y el aceite del Espíritu Santo para sanar y vendar a los quebrantados, heridos por traumas del pasado.

El pecado cautiva y oprime, pero Cristo da libertad al cautivo y abre las puertas de la prisión a los prisioneros. Hechos 10:38 dice: *"Vosotros sabéis cómo Dios ungió a Jesús de Nazaret con el Espíritu Santo y con poder, el cual anduvo haciendo bien y sanando a todos los oprimidos por el diablo; porque Dios estaba con Él."*

El pecado es un delito que debe ser juzgado y castigado, y Cristo pagó y sufrió ese castigo en la cruz. Colosenses 2:14 dice: *"...Anulando el acta de los decretos que había contra nosotros, que nos era contraria, quitándola de en medio y clavándola en la cruz."*

EL BUEN SAMARITANO (LUCAS 10:30-37)

En la parábola del buen samaritano, el hombre que fue asaltado, herido y dejado medio muerto no fue ayudado por religiosos ni por la religión. Fue ayudado por uno que tuvo compasión y que tenía vino y aceite para curar (símbolos del Espíritu Santo), y lo llevó a un lugar seguro, una posada, donde continuó su proceso de restauración.

Con el mismo precio que Jesús, nuestro Buen Samaritano, pagó en la cruz para perdonar nuestros pecados, también nos restaura con amor y poder del Espíritu Santo. A medida que nos entregamos a Su Palabra y a Su obra específica en nosotros, nos preparamos para Su segunda venida como Rey.

¿Te gustaría venir a Jesús con humildad, reconociéndolo como el Ungido que puede perdonarte, liberarte y restaurarte?

La Escritura de Isaías 61:1-2, que Jesús leyó en Lucas 4:18, se cumple en nosotros cuando la oímos, la creemos y la recibimos. Se cumple cuando venimos a la cruz de Cristo tal como somos, confesándolo como nuestro Señor y Salvador, con humildad, confiando en Su compasión y pidiéndole que sane nuestras heridas y nos libere.

Después, debemos entrar al proceso de restauración por medio de Su Palabra y Su Espíritu Santo.

"Venid a mí todos los que estáis trabajados y cargados, y yo os haré descansar. Llevad mi yugo sobre vosotros, y aprended de mí, que soy manso y humilde de corazón, y hallaréis descanso para vuestras almas. Porque mi yugo es fácil y ligera mi carga" (Mateo 11:28–30).

PARA MEDITACIÓN Y COMPARTIR EN GRUPO
Isaías 61:1-2 y el devocional anterior:

1. ¿Qué ha hecho el Señor con el que habla, según el versículo 1?

2. ¿Qué tipo de personas necesitan lo que Él ofrece?

3. ¿Qué otro grupo se menciona en lo que Jesús leyó en Lucas?

4. ¿Qué quiso decir Jesús cuando dijo: "Hoy se ha cumplido esta Escritura que habéis oído"?

5. Investiga y describe los conceptos de:
   - *aflicción:*

   - *quebrantamiento:*

   - *cautivo:*

   - *prisionero:*

6. Investiga y define los conceptos bíblicos de:
   - *salvación:*

   - *liberación:*

- *restauración:*

7. Según el devocional, ¿qué produce el pecado en una persona o grupo?

8. ¿Qué hizo Jesús con respecto al pecado? Explica en profundidad, con base bíblica.

9. Describe una experiencia personal de haber estado o sentirse afligido, quebrantado, cautivo o prisionero.

10. ¿Qué ha sucedido para que ahora no estés en esa condición?

El Consuelo que Jesús Trae como el Mesías y sus Resultados

Lee Isaías 61:2b–11

En Su primera venida como Siervo, Cristo compró nuestra salvación en la cruz, sufriendo y pagando el castigo para darnos paz. Esta paz incluye sanidad, liberación, revelación, consuelo, fortaleza, felicidad, gozo, jubileo y una nueva vida que Él nos da por Su gracia y amor.

El pueblo de Israel regresó del exilio en Babilonia con la ayuda del rey Ciro de Persia, y el Señor los consoló y les asignó la reconstrucción de Jerusalén y el trabajo agrícola. Pero durante este proceso hubo dificultades que tuvieron que vencer con determinación y fe en las promesas de restauración del Señor.

Jesús, el Mesías, nos consuela, nos viste de gozo y alegría, nos traslada a Su reino, perdona nuestros pecados, y nos da esperanza, posición e identidad en Su familia. Nos asigna funciones de intercesión, adoración, reconstrucción y plantación, que transforman nuestro interior e impactan nuestro entorno.

El Consuelo de Cristo

Cristo, el Ungido, vino por primera vez para dar buenas nuevas a los que reconocen su necesidad espiritual, a los que lloran, a los que tienen hambre y sed de justicia, a los que creen y reciben, porque por ellos compró la salvación en la cruz.

Hay un alivio de las cargas para quien viene a Cristo. Cuando creemos, nos arrepentimos y cambiamos nuestra manera de pensar, Él nos da identidad como hijos, nos pone corona en lugar de ceniza, vestido de alabanza en lugar de espíritu angustiado. Esto es lo que Cristo hizo por nosotros en la cruz. Y como resultado, el Espíritu Santo viene a darnos seguimiento, llenándonos de Su presencia —especialmente durante la adoración— fortaleciéndonos, guiándonos y enseñándonos. Todo esto es por gracia y por fe, para que solo Dios reciba la gloria.

Reconstrucción

Primero, recibimos las buenas noticias de sanidad, liberación y visión espiritual o revelación del Espíritu Santo acerca de nuestra posición y función. Adquirimos esta visión al estudiar la Palabra de Dios, aplicarla, y al tener comunión con Dios.

Debemos reconstruir nuestras vidas espirituales, morales y físicas y también ayudar a otros a hacerlo, con fe y perseverancia, así como lo hicieron los israelitas al regresar del exilio. Si fundamentamos nuestras actitudes en las promesas de Dios, a pesar de las dificultades, seremos como robles de justicia, fuertes y útiles. Restauramos la comunión con Dios, edificando nuestras vidas, familias y sociedades basados en los valores del reino de los cielos.

El Pacto

El Señor es un Dios de pactos desde el inicio de la humanidad. Según Jeremías 31:31, el Señor establece un nuevo pacto, y en Jeremías 32:40 dice: *"Haré con ellos pacto eterno, que no me volveré atrás de hacerles bien, y pondré mi temor en sus corazones, para que no se aparten de mí."*

2 Corintios 3:6 dice: *"El cual asimismo nos hizo ministros competentes de un nuevo pacto, no de la letra, sino del Espíritu; porque la letra mata, mas el Espíritu vivifica."*

Refiriéndose al pacto que Jesucristo hizo al morir en la cruz, con Su sangre selló un pacto eterno. Marcos 14:24 dice: *"Esto es mi sangre del nuevo pacto, que por muchos es derramada."*

Con el nuevo pacto sellado con la sangre de Cristo, tenemos perdón de pecados y libre acceso a la presencia de Dios.

Fruto

Los resultados de creer y aplicar la Palabra de Dios son evidentes en la sociedad y las comunidades. Lo vemos en el libro de Hechos, en la Reforma del siglo XVI en Europa y en los avivamientos de la Iglesia Cristiana a lo largo de la historia. Sus efectos se reconocen entre las naciones, incluso estadísticamente, en los indicadores de desarrollo humano, cuando los cambios son profundos, porque una nueva generación puede ser enseñada a pensar y actuar con ética y transformación.

La Palabra de Dios es una semilla que crece en individuos, familias y grupos sociales que brillan como luces y son sal en una sociedad que necesita salir de la oscuridad y la corrupción.

La justificación es el acto legal por el cual Dios nos declara justos por fe en Cristo Jesús, para vivir una vida justa y tener obras de justicia como vestidura. Efesios 4:24 dice: *"Vestíos del nuevo hombre, creado según Dios en la justicia y santidad de la verdad,"* para prepararnos para la venida del Señor Jesucristo y para estar en la boda del Cordero.

Apocalipsis 19:7-8 dice: *"Gocémonos y alegrémonos y démosle gloria; porque han llegado las bodas del Cordero, y su esposa se ha preparado. Y a ella se le ha concedido que se vista de lino fino, limpio y resplandeciente."*

Todo esto cumple los planes de Dios para Su creación y para el mundo futuro, para la alabanza de Su Nombre.

Para vestirnos de alegría y felicidad, debemos aceptar las Buenas Nuevas de salvación, sanidad y liberación por medio de la cruz del Calvario, así como aceptar la revelación del Espíritu Santo para ver la realidad de la Palabra de Dios. Debemos creer en Él, alabar Su Nombre, buscarle en oración, creer y recibir por fe la gracia del Señor Jesucristo, estar dispuestos a dar fruto, interceder, y prepararnos para la segunda venida del Señor y las bodas del Cordero de Dios.

Para Meditación y Compartir en Grupo
Isaías 61:2b–11 y el devocional anterior

1. ¿Cómo sabemos que este pasaje se refiere a Aquel que había de venir, Jesús?

2. Resume en pocas palabras lo que Él iba a hacer.

3. Según el versículo 4, ¿quiénes "reconstruirán"?

4. El versículo 8 da la razón detrás de todo lo que el Señor hace. Por favor, explícalo.

5. Según el versículo 9, ¿qué beneficios de las obras del Señor se extienden a los "descendientes"?

6. Haz un dibujo que represente lo que dicen los versículos 3 y 10.

7. Expresa tu respuesta a este capítulo (e incluye Lucas 4:18).

8. El mismo Espíritu Santo que llenó y descendió sobre Jesús, llena y desciende sobre los que creen, le siguen y le aman. Entonces, ¿qué podría o debería suceder como resultado?

BIBLIOGRAFÍA

- Beers, V. Gilbert. *Un Viaje a través de la Biblia (Journey through the Bible)*. Tyndale House Publishers, Inc. Carol Stream, Illinois. 2010.

- *Biblia de Estudio de la Biblia de las Américas*. B&H Español. Nashville, Tennessee. 2000.

- *Compendio Manual de la Biblia (Halley's Bible Handbook)* por Henry H. Halley. Editorial Moody, 1924.

- Estudios de Hebreo bíblico en "e-teacher" (español-hebreo). Niveles A, B, C, D, E. The Hebrew University of Jerusalem, Israel. 2016.

- Guzik, David (comentarios en español). *E-Sword - the Sword of the LORD with an electronic edge*. Fecha desconocida.

- *La Biblia de las Américas*. Editor R.C. Sproul – 2020.

- *La Biblia de la Reforma*, Biblia de estudio Reina Valera Contemporánea. Editorial Concordia. Saint Louis, MO, EE. UU. 2014.

- Morrissey, Baronesa Helena (por la expresión en la página 76: "Piensa en grande, empieza con poco, empieza ahora").

ACERCA DEL AUTOR

Nací en una familia cristiana en las tierras altas del occidente de Guatemala, siendo el tercero de tres hijos. Cuando tenía un año, después de una tormenta que destruyó el molino de trigo de mi padre, mi familia se mudó a un área urbana de Guatemala. Viví mis primeros trece años en una casa con piso de tierra, sin electricidad ni agua potable.

Mi padre fue el intermediario en la venta del terreno para el futuro campus de la Universidad de San Carlos de Guatemala, en la ciudad de Quetzaltenango, que pertenece al Estado. Años más tarde, trabajó en esa misma universidad como conserje y guardián.

Durante mi infancia y juventud, mi familia caminaba más de tres kilómetros para llegar a la iglesia, fuera de día o de noche. Desde primero hasta duodécimo grado, recorría diariamente una distancia similar para asistir a la escuela pública.

Estudié medicina y me gradué de la misma universidad donde trabajaba mi padre. Luego trabajé durante cuatro años para Visión Mundial Internacional en comunidades rurales, principalmente para mejorar el crecimiento y desarrollo de los niños, y en ocasiones para brindar atención médica a las madres. Durante 32 años, fui profesor de Bioestadística en la Facultad de Ciencias de la Salud de la Universidad de San Carlos. También obtuve dos maestrías: una en Docencia Universitaria y otra en Administración de Salud Pública. Además, formé parte de comités de tesis para egresados de la carrera de medicina.

En Guatemala, fui ujier en la iglesia, líder de discipulado y ayudante pastoral. Asimismo, llevé a cabo una clínica evangelística móvil en muchas áreas rurales del país.

En 2013, escribí el libro: *"Visión y Desarrollo de la Iglesia Evangélica en Quetzaltenango, Guatemala"*, el cual fue utilizado en varios institutos bíblicos.

Estoy casado y tengo tres hijos, todos graduados universitarios, quienes nos han dado nueve nietos. Mi esposa y yo nos mudamos a los Estados Unidos poco antes de la pandemia del Covid-19, y ahora todos vivimos en el área de Seattle.

En agosto de 2020, inicié el canal de YouTube *"Edificación Integral"*, donde he compartido semanalmente videos breves con reflexiones en español. Mi motivación al crear este canal fue consolar y compartir esperanza a través de las Escrituras, inicialmente en medio de la pandemia del COVID-19.

Este libro es la recopilación y traducción de esas reflexiones.

Conéctate con Saúl:
Facebook: Saúl López
Instagram: @Saulofish

www.ingramcontent.com/pod-product-compliance
Lightning Source LLC
Chambersburg PA
CBHW040802120726
48005CB00012B/1270